3G 雅思网 IELTS

3G 雅思精品丛书

凉月雅思写作实用技法

凉月◎编著

IELTS

机械工业出版社
CHINA MACHINE PRESS

本书针对雅思强化阶段的考生，旨在把以前所有复习的知识连贯起来，达到融会贯通、举一反三和学以致用的目的。全书从审题入手，通过语法、词汇和句型的讲解，直到最后制定个性化模板。书的最后还对优秀范文进行了评析，以便进一步巩固前面所学的知识。

本书的作者为3G雅思网资深版主，熟悉雅思考试，深受学生好评。

图书在版编目（CIP）数据

凉月雅思写作实用技法/凉月编著.
-北京：机械工业出版社，2008.1
(3G雅思精品丛书)
ISBN 978-7-111-23346-6

Ⅰ. 凉…　Ⅱ. 凉…　Ⅲ. 英语-写作-高等教育-自学参考资料
Ⅳ. H315
中国版本图书馆CIP数据核字（2008）第009057号

机械工业出版社（北京市百万庄大街22号 邮政编码 100037）
责任编辑：孟玉琴　版式设计：李彩婷
保定市中画美凯印刷有限公司印刷
2008年2月第1版第1次印刷
184mm×240mm •17.5印张•285千字
0001-6000册
标准书号：ISBN 978-7-111-23346-6
定价：36.00 元

凡购本图书，如有缺页、倒页、脱页，由本社发行部调换
销售服务热线电话：（010）68326294
购书热线电话：（010）88379639 88379641 88379643
编辑热线电话：（010）68354423

序言

据2007年发布的雅思官方统计：“中国考生雅思平均分全球排列倒数第二”。而根据2006年的数据显示，在听说读写四方面，中国考生的均分分别为5.47分，5.39分，5.80分和5.23分，写作成绩最低而中国大部分考生最怕的也是写作。

雅思写作之所以可怕，一是因为写作本身就是英语水平的最高体现，是词汇、语法、逻辑和英美文化的高度统合。二是因为时间紧，要求考生在一小时内完成两篇形式不同的作文。三是因为中国考生长期以来所接受的英语应试教育对于学生的说和写缺乏有效锻炼。

如何快速而有效的提高写作水平并能够写出符合考官口味的佳作，成为了提高雅思整体分数的关键。凉月老师在3G雅思网主要从事雅思教育和题库研究工作，对于雅思写作的出题模式和规律早已熟门熟路，经过多年雅思写作真题题库的研究和针对许多中国考生的在线写作指导，凉月摸索出了一套适合中国雅思考生提高写作水平和技能的方法，编写成了《凉月雅思写作实用技法》一书。这本书首先是一本比较好的英语写作教材，从结构、论点、词汇和语法等多个方面全面地讲述了雅思写作的技巧。而这本书真正的亮点在于其大量的范文评述，有高分范文也有学生习作，评述具体到每一个单词和句子的使用。雅思考生在学习写作的过程中，必须要得到专业老师的批改和指点。如果习作的错误不能被纠正，考生的努力可能成为无用功。不仅写作水平不能得到有效提高，而且还会把错误带入到下一篇文章甚至考试之中。这本书有效地解决了这一问题，能够使读者在阅读他人范文的同时找到自己的问题，进行学习和提高。另外，这本书涵盖的内容非常全面，从雅思写作的评分标准到近两年常见的写作题目，都一一收录其中。《凉月雅思写作实用技法》对雅思备考的学生来说，是一本不可或缺的指导用书。

在听说读写四项技能中，雅思写作是重中之重。不管是雅思考试还是今后的专业课程，考生的写作水平直接影响着阅卷者的评分。英美学府学术之严谨导致主考官对于学生的论述表达有相当高的要求。大量的essay和dissertation以及闭卷考试都需要考生以写作来检验。写作技能也成了中国学生能否获得海外学位的关键要素之一。写作技能不仅仅是为了应付雅思考试，也是今后实现自己长远奋斗目标的基础。近两年来，由于越来越多的欧美国家开始实行教育出口，又随着留学和移民的热潮的全球化，各国留学人员逐年递增，竞争也就越来越激烈。大浪淘沙，您是否已经做好了迎接挑战的准备呢？

3G雅思网 咸蛋超人(Adrian)

写于2007年12月28日

澳洲

前言

每一位雅思考生心中都有一个美好的梦想。

只是有的成为了现实，并化为了人生的一道风景线；有的破灭了，永远地成为了曾经美丽的幻觉。梦想与梦想在起初是一样的美丽，却有着截然不同的结局。有时候，只有一线之差。

雅思是远渡重洋追求梦想要迈出的第一步，也是艰难的一步、沉重的一步。这一步决定着成败，甚至是命运。对于生长在非英语国家的朋友们来说，雅思这种以应用英语为主的考试就会显得比其他英语考试更加难以应付，尤其是口语和写作。因此，一直希望编写一本雅思写作的教程，来帮助中国的雅思考生提高写作的技巧和能力。

通过长期与考生接触，发现了中国雅思考生在写作上特有的一些问题，普遍表现为：

☆ 看不懂写作题目，或对题目意思模棱两可；

☆ 找不到写作论点，或找不到有价值的写作素材；

☆ 规定时间写不完，写作速度慢，字数凑不够；

☆ 掌握句型太单调，写复合句的能力差，语法错误多；

☆ 写作词汇量贫乏，仅仅会使用一些初级词汇……

这些都是中国雅思考生的通病，并成为了长期困扰考生的棘手问题。本书正是为了解决以上问题而编写的。作者通过对中国考生、雅思考题和实用英语的长期研究，找到了一套比较实用并且适合中国考生的雅思写作学习方法。这套方法特别适用于有一定英语基础，但语法基本功较差，词汇量较有限，时间又不是非常充裕的雅思备考学生。

本书分为三个部分：大作文部分、小作文部分和范文与题库部分。前两个部分分别介绍了Task 2 和Task 1 的写作技法。本书通过雅思写作Task 2写作技巧，解析写作题目、雅思写作结构，雅思写作论点，雅思写作语言等几个篇章，由浅入深地系统介绍了学习雅思写作大作文的方法和技巧；通过分类例题和专用的词汇句型介绍了小作文的写作要领；最后还附有精选雅思范文和写作真题题库两个篇章，供考生自学时参考和练习。

最后，感谢吕蕾女士为本书做的精心策划，感谢3G雅思网佟韬先生对本书的大力支持。感谢张力（咸蛋超人）为本书作序言，感谢钱波老师、郭维思（剑桥大学博士）、郑汝博（雅思公主）和崔蕾对本书做的大量工作。

凉月

目录

第三部分 范文与题库 /165

第一部分

凉月雅思

雅思考试Task 2写作技巧

雅思写作分为Task 1和Task 2两个部分，要求考生在60分钟内完成两篇文章，一篇应用文，一篇议论文。A类的Task 1（小作文）为图表描述，形式为说明文；G类的Task 1为书信。本书在小作文部分详细介绍了A、G类雅思写作Task 1的写作技巧，而本部分将主要讲述A、G类雅思Task 2（大作文）的写作技巧。雅思写作Task 2的变化比较多，涉及的范围也比较广，难度远远在Task 1之上。但是，通过有效的学习和练习，攻克雅思写作的大作文并非难事。

第一篇
认识雅思写作篇

雅思写作是雅思考试的听说读写四部分中最体现考生英语水平和功底的一个部分，也被普遍认为是最难的一个部分。雅思写作涉及审题、思路、词汇、语法、主题描述和语言组织等多个方面的综合，对考生的英语综合表现能力要求较高。

要写好雅思大作文，首先应该对雅思大作文有一个全面的认识，包括雅思写作的要求、题型、范围、评分标准等等。在对雅思写作有了比较透彻的认识和了解之后，再有针对性地进行复习，可以事半功倍。

本篇，作者将系统地从以下几个方面介绍雅思大作文：

❶ 雅思写作的基本认识
❷ 雅思写作的出题范围
❸ 雅思写作的评分标准
❹ 雅思写作的常见问题
❺ 雅思写作的学习方法

第一节
雅思写作的基本认识

本节作者将介绍雅思大作文写作的基本要求，以及一些雅思写作的基本概念。

首先，我们来看一看雅思官方对Task 2 的写作要求：

Candidates write a short essay of at least 250 words in response to a statement or question. They are expected to demonstrate an ability to present a position, construct an argument and discuss abstract issues.

雅思写作要求考生针对某一抽象事物（往往是社会上的热点话题）进行论证和研讨，形式是一篇不得少于250个单词的essay。

我们可以从中得出雅思写作的要点：

☆ 形式为议论文	argumentation
☆ 考生应回答题目提出的问题	in response to a statement or question
☆ 考生应陈述自己的主题观点	present a position
☆ 考生应构建自己的论证意见	construct an argument
☆ 文章应围绕题目给出的抽象事物或现象展开讨论	discuss abstract issues
☆ 全文不少于250字	at least 250 words

另外，雅思写作部分考试的时间是60分钟，包括Task 1和Task 2两个部分。其中Task 2部分平均需要40分钟左右。

在本篇的后几节，作者会详细地介绍雅思写作题目的出题范围和评分方法。这里，我们用一道真题和一篇范文来初步认识雅思写作的形式。

WRITING TASK 2

Write about the following topic:

TV, internet and radio are very popular nowadays. Some people say that they will replace books and written words as the main source of information.

To what extend do you agree or disagree?

Give reasons for your answer and include any relevant examples from your own knowledge or experience.

Write at least 250 words.

（2007年雅思写作真题）

这是一道典型的雅思作文题目，自2002年到2007年，该话题已经考过四次以上。这道题讨论的话题是“新兴的电子媒体有取代纸媒成为主要信息源的趋势”。

根据雅思写作的要求，考生应针对“新兴的电子媒体有取代纸媒成为主要信息源的趋势”这个话题回答“agree or disagree”，并且提出自己的观点，构建自己的论据，运用自己的相关知识和经验，围绕主题展开讨论。下面是一篇7.0分的雅思写作范文。通过该范文，我们可以简单地认识一下标准的雅思写作形式。

范文：

Since the development of information technology in the last century, various news media have mushroomed, such as TV, Internet and radio. Some people say that they will replace books and written words as the main source of information. Personally, I agree this point because I ve tasted many benefits from the electronic media.

There are three major advantages of the electronic media. Firstly, the electronic media is the fastest and most effective way of obtaining information. Nowadays, information has the tendency to supersede traditional working techniques and becomes the most important element in many areas, such as business. Secondly, the electronic media can save time and money. One can sit in front of the TV or radio to see what is happening around the world, and it is even more effective by browsing the websites. The Internet education offers long-distance class for students, which is quite convenient. Moreover, most electronic resources are free. Thirdly, the electronic media have super capacities to save information. A DVD can save more than 1000 books just in one disc.

However, the electronic media has some limitations. The biggest problem is that people cannot use the electronic media without equipments such as computer or television. But books are very convenient to use everywhere, say, on a train. Furthermore, books and written words have more than 3000 years history, but the electronic media has only several decades history. One thing should be mentioned lastly, the electronic media is no good for protecting the copyrights.

As discussed, the electronic media is widely used nowadays. Although it has some drawbacks, it has brought too many benefits to us. It is reasonable to believe that the electronic media will replace books and written words as the main source of information in future.

范文在第一段表明了作者的中心主题：同意“电子媒体有取代纸媒成为主要信息源趋势”的说法。第二段围绕主题进行了充分的正面论证，从多个方面叙述了电子媒体比传统纸媒优越，并提供了大量支撑论点的论据。第三段又从另一个方面讨论了电子媒体相比传统纸媒的不足之处，形成了富有对比的辩论。文章结尾再次点明了中心思想。全文在290个单词左右，比较适合。

第二节

雅思写作的出题范围

雅思Task 2写作的出题范围虽然都是简单的社会问题和现象，但是实际上覆盖面相当广。在没有任何准备和思考的前提下，考生很难在40分钟内完成一篇雅思大作文。因此，对雅思考试的出题范围有一个了解是非常必要的。

从2002年到2007年，雅思A类Task 2写作考试涉及的范围基本包括以下七个大类：

☆ 社会类 Society

☆ 教育类 Education

☆ 文化类 Culture

☆ 科技类 Technology

☆ 环境类 Environment

☆ 伦理类 Ethics

☆ 商业类 Business

其中，

☆ 社会类涉及的话题主要包括政府是否应健全教育和医疗福利问题，犯罪问题，年轻人的问题，儿童的问题，薪水的问题，是否应征收税款问题，养老问题，等等。

☆ 教育类涉及的话题主要包括大学生就业问题，大学应当注重学术还是技术的问题，学生是否应从事义务社会实践问题，是否应加强艺术教育的问题，是否应重视学生道德教育的问题，等等。

☆ 文化类涉及的话题主要包括多元文化共存的问题，传统文化的保护问题，古建筑物的保护问题，政府是否应投资艺术的问题，媒体对人们生活的影响问题，使用世界通用语言的问题，等等。

☆ 科技类涉及的话题主要包括科技发展为人们生活带来的变化问题，电子媒体发展是否会取代一些传统的书、信、授课方式等问题，地球因科技变"小"的问题，是否该投资于航天等高端科技研究的问题，等等。

☆ 环境类涉及的话题主要包括环境保护问题，交通工具使用问题，资源问题，等等。

☆ 伦理类涉及的话题主要包括对待动物的问题，男女平等问题，人与人关系的问题，等等。

☆ 商业类涉及的话题主要包括广告的利弊问题，旅游问题，消费购物问题，等等。

从2002年到2007年，雅思G类Task 2写作考试涉及的范围基本包括以下七个大类：

☆ 职业类 Career

☆ 育儿类 Children

☆ 健康类 Health

☆ 娱乐类 Entertainment

☆ 家庭类 Home

☆ 社会类 Society

☆ 政策类 Policy

G类雅思写作涉及的话题主要包括市政建设问题，生活质量问题，公共安全问题，健康医疗问题，儿童教育问题，求职问题，移民问题，娱乐休闲问题，薪水问题，着装问题，等等。

目前雅思写作的范围大致涉及上述领域。以前的大作文题目曾涉及过一些非常荒诞的问题，比如妇女是否应当参军，警察是否应当佩枪，警察是否应当给游人作导游，警察是否应骑马，社会是否应当取消死刑，各国元首是否应当由妇女担任，等等。其中不少是英国议会讨论的热门话题，而且讨论了若干年，首相换了好几个都没有得到解决的问题。这种问题居然拿到雅思写作考试里来，难道这样的社会问题在40分钟内就能有一个明确的答案？那岂不是雅思写作的高分考生都可以进国家议会当议员了？当然，这只是玩笑。这些题目的目的主要是考核考生通过写作对事物的逻辑分析能力。幸运的是，在2006年1月雅思写作题目改革之后，这类题目在雅思考试中基本上永远消失了，考生不必再为这些做噩梦都没想过的问题发愁了。目前的考题大多是更加生活化的问题。

在了解了雅思写作的出题范围之后，考生还应当系统地了解雅思写作题目的类型，也就是题型。关于这一方面，在第二篇的解析雅思题目篇会做非常详细的讲解。

第三节 雅思写作的评分标准

雅思的写作评分体系非常科学，它采用的并不是类似托福考试的整体式评分方法，而是分项式评分（analytical scoring）。换句话说，考官并不是给考生的作文打一个整体的分数，而是根据具体的评分细则分项给分，最后进行平均。而且，为了避免写作评分的主观性，雅思写作的评分采用了双人阅卷的评分系统，也就是由两位考官进行评分，最后计算均分。

在雅思写作考试Task 2的答卷纸上（答卷纸样卷见雅思写作结构篇的第一节），我们可以看到一个表格，上边有：TR，CC，LR和GRA几项。其意义分别是：

任务完成程度	TR-Task Response
结构与衔接程度	CC-Coherence and Cohesion
词汇丰富程度	LR-Lexical Resource
语法应用程度	GRA-Grammatical Range and Accuracy

雅思考试的Task 2是从以上四个方面进行评分的。简单说来就是主题论证、结构层次、词汇语言和语法应用。

TR任务完成程度主要考查考生是否完整地回答了题目提出的问题，并明确地针对题目提出的问题给出了自己的观点，也就是中心主题。对主题的论证是否充分，文章是否完整，论据是否紧扣主题，等等。在解析雅思题目篇和雅思写作论点篇，作者将详细讲解关于满足TR要求的写作技巧。

CC结构与衔接程度主要考查文章的结构是否明确清晰，分段是否合理，上下文是否顺畅，各段落、句子是否有相应的连接词过渡，论据布局是否合理，等等。在雅思写作结构篇，作者将详细讲授关于满足CC要求的写作技巧。

LR词汇丰富程度主要考查文章的用词是否考究，词性是否多变，词汇量的大小，词汇的使用程度是初级还是高级，等等。在雅思写作语言篇，作者将详细讲授关于满足LR要求的写作技巧。

GRA语法应用程度主要考查语法的应用是否正确，句型的运用是否灵活多变，文章的时态、语态等有没有严重错误，等等。有关GRA的要求也会在雅思写作语言篇涉及。

除了以上几项大的评分标准之外，雅思作文还有更加细节的评分，主要为：

☆ 不足250字的文章，每少50字扣1.0分，扣完为止。

☆ 拼写错误每3处扣除0.5分，最多扣1.0分。

☆ 偏题根据情节轻重扣除相应的分数，一般性偏题扣1.0分。

☆ 跑题（也可视为严重偏题）扣分较多，一般扣1.0分以上，扣完为止。

☆ 文章部分语句或段落存在抄袭，扣除抄袭部分的字数，重新计算总字数。

☆ 全文抄袭（抄袭部分超过60%），直接判零分卷。

另外几点可以让考生放心的是：

☆ 文章没有字数上限，字数多不扣分，但仍应斟酌字数。

☆ 使用简单的写作模板不算抄袭，目前未发现有因使用写作模板导致严重扣分的案例。但是，如果模板使用不当是要扣分的，所以在使用模板的时候要慎重。

☆ 使用他人写作观点（非研究成果），例如使用范文中的某观点，不算抄袭。

☆ 使用他人研究成果，注明出处的不算抄袭。

☆ 仿写、改写的句子不算抄袭，但是完全照搬别人的句子则是抄袭。

为了让考生对雅思Task 2写作的评分标准有一个更加深刻的认识，本节附上了雅思写作Task 2评分标准表。表格中详细列示了各个写作分数档次对应的评分细则，考生可以根据该表格衡量自己习作的得分。

雅思写作Task 2 评分标准表

分数	主题	结构	词汇	语法
8.5～9.0	明确地提出了自己的观点和立场，并在文章中得到了充分的证明。	结构非常清晰，文章框架一目了然，非常富有逻辑性。	词汇量非常丰富，用词非常准确，无拼写错误。	全文流畅，句型变化多，文章衔接性好，没有语法错误。
7.5～8.0	观点和立场明确，论证得当，但没有完全达到9分标准。	结构清晰，框架合理，文章富有逻辑性。	词汇量较丰富，用此基本准确，偶尔有拼写错误。	全文基本流畅，句型变化较多，上下文衔接较好，有个别语法错误。
6.5～7.0	有自己的观点和中心，在文中基本表达明确，并且基本得到了论证。	结构比较清晰，文章逻辑比较合理，但是一些论点过于笼统或比较牵强。	词汇量尚可，用词基本准确，但个别词汇的使用显得重复，有一些拼写错误。	全文通顺，句型变化较多，能够通过起承转合衔接上下文，语法存在少量错误。
5.5～6.0	有自己的观点和中心，但不是非常明确，能够在文中得到论证，但有时可能引起误解。	结构基本清晰，逻辑基本合理，但是论点较空泛，对主题的支撑力度欠佳。	词汇量比较有限，但能够表达意思，词汇的运用显得不够灵活，存在一定的用词和拼写错误。	全文基本通顺，有句式变化，但存在错误；上下文有衔接，但不够平滑；有一定的语法错误。
4.5～5.0	文章的观点不够清晰，论点比较混乱，且与主题不明显相关，容易产生误解。	结构并不明确，条理性显得较混乱，段落缺乏独立的观点，论据说服力差。	词汇非常有限，表达受到限制，词汇运用单一，拼写错误较多。	全文不够通畅，上下文衔接性较差，只会使用简单句型，语法错误多。

3.5～4.0	文章观点较混乱，理解起来有一定困难，论点基本与主题无关，很难了解作者的写作意图。	结构混乱，条理性差；分段不是非常合理，没有实在的论据，空话多，基本没有说服力。	词汇较少，在用词上存在严重的错误，只能运用较简单的词汇，拼写错误很多。	全文基本不通顺，上下文基本没有衔接，句型主谓宾不齐全，一些句子较难理解，存在大量语法错误。
2.5～3.0	文章观点存在严重问题，基本背离写作题目的要求，论点与中心基本没有关系，读者基本无法理解文章的写作目的。	基本看不出文章的结构，分段严重不合理，基本没有论据，全文只是在拼凑字数。	词汇非常少，在用词存在着非常严重的错误，仅能运用个别初级的词汇，拼写上的错误使读者无法猜测出是何单词。	全文不通顺，通篇错误，没有任何衔接，句子无法理解，基本没有语法。
1.5～2.0	文不对题，根本没有中心，文章不完整。	没有任何结构，全文只是错误的单词和句子堆砌在一起，表达非常有限的意思。	基本不能够运用词汇表达意思。	全文没有任何语法。
1.0	没有任何观点。	文章不成形。	全文仅有个别单词，还存在严重错误。	不能把单词连接成句子。
0	全文抄袭、交白卷或缺考			

第四节

雅思写作的常见问题

很多刚接触雅思的考生对雅思的了解甚少，而有一些考过雅思的考生也有一些问题还没有搞清楚。本节就列出了雅思写作的FAQ，以解答一些在雅思写作过程中常见的问题。

Q1: 雅思写作的顺序有要求吗？能不能先写Task 2，后写Task 1？

A: 雅思写作不对写作顺序进行要求，考生可以先写Task 1，也可以先写Task 2。

Q2: 雅思写作的评分采用的是整分制还是半分制？

A: 2007年9月以前，雅思写作和口语采用的是整分制（最小精确到1分）；2007年9月以后，雅思写作和口语都采用半分制（最小精确到0.5分）。听力和阅读一直是半分制。

Q3: 怎样通过Task 1和Task 2的得分核算写作总分？

A: 雅思写作总分的计算公式是：

写作最后得分 = Task 1得分 1/3 + Task 2得分 2/3 （逢0.25进位）

例：考生A的Task 1得分为7.0，Task 2得分为6.0，最后得分为6.5；
考生B的Task 1得分为6.0，Task 2得分为5.5，最后得分为5.5。

Q4: 写作中可以使用简写吗，例如日期？

A: 国际通用简写可以使用，例如日期可以使用SEP，OCT等等；

国际常用简称也可以使用，例如GDP，WTO等等；

非国际单位或组织名称必须写全称，例如BJ要写Beijing，NJ要写New Jersey。

Q5: 雅思写作需要写题目吗？

A: 不需要，直接开始正文即可。

Q6: A类和G类的考试题目一样吗？

A: 不一样。A类的小作文是学术报告，通常包括图、表、数据描述，G类的小作文是书信写作。大作文的形式A、G类相同，都是议论文，但是内容不同。A类大作文涉及的社会问题相比G类更加复杂，G类大作文涉及生活和工作的话题相对较多。

Q7: 雅思作文中可以透露考生真实姓名等信息吗？

A: 不推荐使用真名，可用Tom、Jack等常用名代替。

Q8: 写作答题纸不够用了怎么办？

A: 可以向监考官索取答题纸，May I have more answer sheets?

Q9: 写错了需要涂改怎么办？

A: 雅思考试使用配发铅笔，禁止使用钢笔或圆珠笔。写错了可以加删除线或用橡皮擦去。橡皮由考场配发，考生也可自行携带一块白色无字橡皮。

Q10: 写作需要打提纲吗？

A: 写作不要求打提纲，也不会提供草稿用纸。建议考生直接写作文，或用铅笔在试卷空白处打草稿最后擦去。

Q11: 写作考试结束时仍没有写完怎么办?

A: 写作考试结束的口令发出后，考生不能继续写作。如果被发现会受到考官警告，考生的号码会被抄写在黑板上并记录下来。两次警告会扣除考生总分1.0分或直接逐出考场。

Q12: 写作过程中可以上厕所吗?

A: 不可以。特殊情况需在进入考场前与考官协商。

Q13: 写作过程中可以饮水吗?

A: 可以。但不能进食，且饮料包装上不能有标识，饮用时不能发出声音（例如开启可乐）。

Q14: 写作过程中还可以补充听力和阅读的答案吗?

A: 不可以。听力和阅读卷会在写作考试开始之前交上。

Q15: 写作完成可以提前交卷吗?

A: 可以，但不能提前离开考场。

第五节 雅思写作的学习方法

怎样有效提高雅思写作的分数？这正是本书要为读者解决的问题。

英语写作不同于听、说、读，它是英文水平的最高级体现，是英语语言表达的最高级应用。以单词来说，听、说、读只要求考生掌握单词的发音和大概意思，而写作则要求精确地掌握单词的意思、词性、拼写和变形，并且灵活运用。写作水平的提高相对其他项目要困难的多，艰巨的多。

有一个概念需要请考生搞清楚：英语好不等于写作好。就像中文说得好不代表写作水平一定高。高中以上学历的中国人使用汉语的听、说、读都不成问题，但是突然拿出一道写作题目，例如要求就“电脑给人民生活带来的影响”写一篇议论文，限时40分钟，恐怕未必谁都能写好。这里有一个非常具有代表性的例子，作者的一位朋友是BBC（British Born Chinese，在英国出生与成长的华裔），她由于赴澳大利亚求学的需要于2006年参加了英国的雅思考试。她的考试成绩非常出人意料，总分是8.0，各项分数为：Listening 9.0，Reading 9.0，Speaking 9.0，Writing 5.0。英语对她来说相当于母语，使用的比汉语还要多，听、说、读都自然不成问题。而写作却仅仅得到5分，是因为她没有作任何准备，直接考试造成的。也因为她平时练习较少，很可能写出来的文章主题、结构比较混乱，即使词汇和语法尚可，却仍达不到论证的要求。这个案例说明了日常应用英语和写作英语之间有联系，却绝对不能直接划等号。

国内许多英语基础不好的考生通过自己的努力也取得了7.0以上的写作成绩，这证明了写作其实是可以攻克的。

针对雅思写作，考生应从主题论证、结构层次、词汇语言和语法应用四个方面进行加强，仅通过背单词、背范文是不能获得本质的突破的。考生应当有计划、有步骤地复习雅思写作，争取在短时间内获得最佳效果，取得突破。

科学的雅思写作学习方法主要包括以下几点：

- ☆ 充分了解和认识雅思写作考试的要求和范围，学会审题和拟定中心思想。
- ☆ 熟练掌握两、三套雅思作文的整体写作结构框架。
- ☆ 熟练掌握几种快速寻找写作论点和写作素材的方法。
- ☆ 熟练掌握一套起承转合词汇，用于文章的过渡和衔接。
- ☆ 平日注意积累词汇，掌握一些写作常用的核心词汇，做到会拼写。
- ☆ 平日注意多看范文，积累一定数量的观点和思路。
- ☆ 熟悉雅思写作常出的题目，提前思考写法。

雅思备考的途径（不限于写作）主要有以下几种：

- ☆ 自学。
- ☆ 参加各雅思培训学校的培训课程。
- ☆ 在互联网论坛上与专家和考生交流（bbs.3gbbs.com）。
- ☆ 请家教或专家进行专门辅导（尤其适用于口语和写作）。
- ☆ 其他。

中国的雅思考生多数是以自学为主的。以自学为主的考生一般需要从以下几个方面进行准备（不限于写作）：

☆ 考试模拟练习与分析。必备的书籍为《剑桥雅思》3、4、5、6。

☆ 词汇的积累。应准备一本适合自己的词汇书籍，有规律地积累单词量。

☆ 语法的学习。应准备一本适合自己的语法书籍，将简单的语法知识掌握透彻。

☆ 英语的长期磨练。包括听、说、读、写四个项目，每日保证少量的训练量即可。

☆ 关注雅思考试变化。从网络、杂志等媒体渠道了解考试的相关信息。

本书的第一部分（大作文部分）按照由浅入深的顺序，对雅思作文Task 2写作的学习过程进行了整体的规划。这一套雅思写作的学习体系，就是非常实用的雅思写作备考方法。

首先，在解析雅思题目篇，作者介绍了雅思题目的类型，针对不同的题型，选用的写作方法是不一样的。该篇还介绍了如何进行审题，审题的技巧和一般步骤，包括如何理解题目中的陌生词汇和如何解读复杂的句型。介绍了如何根据题目迅速确定中心主题，展开写作。通过学习解析雅思题目篇，并完成相关的练习，考生一般能取得5.0分以上的写作成绩。

在雅思写作结构篇，作者介绍了雅思作文的格式、答题纸样式、写作字体、字数计算等等细节，介绍了雅思写作如何分段以及几种雅思写作的实用结构。通过学习雅思写作结构篇，并完成相关的练习，考生一般能取得5.5分以上的写作成绩。

在雅思写作论点篇，作者介绍了雅思作文每一段的具体写作方法，介绍了如何寻找论点和论据的方法。介绍了在确定论点之后，如何进行细节写作（具体到每一句话的写作）的方法。通过学习雅思写作论点篇，并完成相关的练习，考生一般能取得6.5分以上的写作成绩。

在雅思写作语言篇，作者从句式和词汇两个大的方面介绍了雅思写作的语言应用，包括简单句与复合句的写作，上下文的衔接和起承转合，以及词汇的应用技巧。作者还精选了636个雅思写作单词，能够在一定程度上帮助在词汇上不够自信的考生克服自身的缺陷，让写作的词汇变得更加丰富。通过学习雅思写作语言篇，并完成相关的练习，考生一般能取得7.0分以上的写作成绩。

精选雅思范文篇提供了一些范文，供考生参考和学习。写作真题题库篇精选了一些2007年以前的雅思写作真题，部分题目仍然会在2008年以后的考试中出现，考生可以通过练习和思考，把准备工作做到考试之前，考试时自然能够做到胸有成竹，运筹帷幄。

第二篇
解析雅思题目篇

本篇作者将向您介绍雅思写作Task 2 的审题技巧，重点强调如何准确审题，如何快速起笔。

审题是雅思写作的第一个步骤，也是决定雅思写作成绩档次的关键所在。如果文章不切题，即便语言和结构再出色，也不能得到高分，通常都在6.0分以下。审题决定了整篇文章的内容和中心，审题如果出现闪失将会导致全文皆废墨，努力全白费。许多考生都了解审题的重要性，却又在写作时忽视了审题，这是由于没有一个系统的审题方法造成的。不少考生把大量的时间和精力花在寻找论点和改进语言，却没有仔细研究过如何审题。不会审题的典型症状一般是以下几种：

☆ 题干中有个别单词不认识，极大地影响了对题目的理解，只能根据认识的单词猜测题意，勉强下笔。

☆ “读懂”了题目，实际上只是把每一个单词默默翻译了一遍，对题目内容仍然模棱两可，不能透彻地理解题目的意思。

☆ 理解了题目，发现是一个比较陌生的话题，找不到有价值的切入点下笔，导致紧紧抓住与题目相关的某个话题进行论述，发生偏题跑题。

☆ 审题时习惯迅速扫视到题目的一些“关键词”，然后马上搜索记忆中的相关范文和观点，导致张冠李戴，指鹿为马。

☆ 完全读不懂题目，被题目的语言和结构所迷惑，不知道题目究竟想要说什么，也不知道自己应该写些什么。

如果您存在以上问题中的一种或者多种，那么，您的审题可能存在问题。本篇将向您介绍一些审题的步骤和技巧，帮助您轻松准确地做好雅思写作审题。

本篇作者将向您介绍：

1. 审题的步骤和要领。
2. 拿到写作题目，如何准确地读懂题目的意思。
3. 如果在阅读上存在障碍，例如出现复杂句式和陌生词汇时怎样理解题目。
4. 如何根据题目确定中心主题，快速下笔。

第一节

审题的一般步骤

在拿到雅思写作题目之后，应当有顺序、有目的地进行审题。这里作者介绍一种科学的审题方法。题目总共阅读三遍，审题花费时间应在3分钟到5分钟之间，审题的效果应当达到确定中心主题、迅速下笔、写作过程一气呵成。

☆ 第一次审题

第一遍审题应当是拿到题目后的迅速浏览，对题目有一个大概的理解。不要奢求一次读懂题目，只要知道题目大概说的是哪个方面的话题即可。读不懂、不全懂、或者遇到陌生单词都不应该慌张，可以通过接下来的审题步骤解决。该过程只需花费约20秒～30秒。

该步骤的要领是不需要注意细节，只要找到题目的主干部分，也就是题目大概在说什么事情。例如：动物实验，飞机运蔬菜，大学教育，明星薪水等等。至于后边的某些人的观点如何，另一些人的观点又如何，题目中的陌生词汇和复杂句式，都扫视而过即可。能理解更好，不理解也没有关系。这一步需要定位的是：谁（讨论的主体，例如学生、政府、广告、汽车等等），干什么（或怎么样，例如就业、承担某种费用、影响儿童、污染等等）。

举一个例子：

Nowadays, some universities offer graduate students skills that assist to find employment, but some people believe the main function of university should be to access knowledge for its sake. What s your opinion? （2005年A类真题）

拿到题目后迅速浏览。扫过的重点词汇应当是：universities, students, skills, find employment, main function, knowledge, sake。其中可能有不认识的单词，但是不必在意，只需要明白该题目是在说“大学要学什么”即可。当然，绝大多数考生应当可以理解到“大学授课应学习就业技巧还是知识的什么（假设sake不认识）”，这就足够了。切记这时候不能下笔，仓促下笔可能偏题，如果写成“大学生如何找工作”就偏题了。正确的做法是进入第二次审题：将题目分类。

☆ 第二次审题

将题目分类是第二遍读题的任务。在本篇的第二节，作者会详细介绍将题目分类的方法与技巧。第二次审题大约需要1分钟～2分钟的时间。

☆ 第三次审题

第三遍读题的任务是完全吃透题目，找到写作的切入点，旗帜鲜明地列出自己的写作中心，并且坚决贯穿全文。此时需要理解题目的细节，包括理解陌生的词汇和分析长难句型。这一部分将在本篇第三节详细介绍。理解题目的最终目的是确定写作中心，也就是自己的主题，这一部分将在本篇第四节介绍。第三次审题需要约2分钟~3分钟时间。

第二节

识别题目分类

雅思写作Task 2 的题目截至2007年涉及三种出题类型。出题类型决定了文章的写法和内容。因此，我们首先就来认识一下这三类题目的特征。

第一类 驳论类

驳论类题目在A类写作Task 2中最为常见。根据2002年~2007年的真题统计，驳论类题目约占A类写作题目的70%。驳论类题目在G类写作Task 2也较为多见，根据2002年~2007年的真题统计，约占G类写作题目的40%。

驳论类题目的出题方式主要为以下两种：

☆ 单方观点开题

陈述一种社会现象，并且提出一个关于该话题的观点，问您是否同意。

Some people say that (state the theme and a standpoint), to what extent do you agree or disagree?

☆ 对立观点开题

陈述现象以及正方所持观点，（转折）反方所持观点，问您同意哪种观点。

Some people say that (states the theme and a standpoint), however, some people argue that (states the opposite standpoint), what s your opinion?

驳论类写作题目的特点是，仅要求考生针对题目的话题表达同意或是反对，并且阐述支撑观点的论据。此类题目不要求阐述社会现象的原因或者解决方案。

【典型真题】

❶ In many countries, traditional foods are being replaced by international fast foods. This is having a negative effect on both families and societies. To what extend do you agree or disagree? （2007年A类真题）

❷ Some people think that build more roads can reduce the traffic problems. Do you agree? Discuss. （2007年G类真题）

❸ Counties are much more interesting and develop more quickly when their population includes a mixture of different nationalities and cultures. To what extend do you agree or disagree? （2006年A类真题）

❹ Nowadays, some universities offer graduate students skills that assist to find employment, but some people believe the main function of university should be to access knowledge for its sake. What s your opinion? （2005年A类真题）

❺ Modern buildings has changing the appearance of cities and towns, some people argue we should build all buildings in traditional styles to protect the cultural identity, to what extent do you agree or disagree?（2005年A类真题）

第二类 解释类

解释类题目在A类写作Task 2中相对少见，根据2002年～2007年的真题统计，约占A类写作题目的20%。解释类题目在G类写作Task 2中较为多见，根据2002年～2007年的真题统计，约占G类写作题目的40%。

解释类写作题目的出题方式主要为以下两种：

☆ 原因讨论

陈述一种社会现象，讨论引起该现象的原因，并且讨论由此可能引发的问题，或者要求给出解决方案。

(States the theme), what are the reasons? How to solve the problem? (Or what problems it might cause?)

☆ 利弊讨论

陈述一种社会现象，要求考生阐述优点与缺点。

(States the theme), what are the benefits? Are there any backwards? (Or critically discuss.)

解释类写作题目的特点是，在题目中非常明确地要求找出问题、问题的原因、问题的解决方案或者讨论某事物的利弊。此类题目很容易辨别，写法也比较简单，同时又富于多变性，为高分作文留出了发挥空间。但是，解释类题目也容易产生低分作文。相比可以在正反两个方面选择主题的驳论类写作题目，解释类写作题目的写作范围显得比较窄，没有选择。尤其是碰到比较陌生的话题，考生容易找不到切入点下笔，陷入慌乱之中。然而，只要经过认识和学习雅思写作，这类写作题目可以迎刃而解。

『典型真题』

❶ In many countries today there is insufficient respect to old people. What are the reasons? What problems it might cause?（2006年A类真题）

❷ Cars cause many problems. What problems? And should we discourage people to use cars?（2007年A类真题）

❸ In some countries, people of all ages are doing more amounts of sports and exercises. What are the benefits? Are there any backwards?（2006年G类真题）

第三类 驳论加解释类

驳论加解释类题目属于难度比较大的写作题目。在A类写作Task 2中较为少见，根据2002年～2007年的真题统计，约占A类写作题目的10%。而在G类写作Task 2中则相对略为多见，根据2002年～2007年的真题统计，约占G类写作题目的20%。

驳论加解释类题目的出题方式主要为以下两种：

☆ 驳论+列举阐述

陈述一种社会现象，并且提出一个关于该话题的观点，问您是否同意，并要求列举阐述细节。一般默许为同意该观点，此类题目不可支持反面意见，否则后半部分无从作答。

(State the theme and a standpoint), to what extent do you agree or disagree? What ...should it be?

☆ 驳论+解决方案

陈述一种社会问题，问您是否同意，并要求给出解决方案。一般为默许同意存在某种社会问题，并且有负面影响。

(State the theme and a standpoint), to what extent do you agree or disagree? What ... should be done to ...?

驳论加解释类写作题目的难度最大，不但需要确定立场进行讨论，还要进一步作出更深层次的解释，属于驳论类题目和解释类题目的结合。而且该类题目一般不能够选择立场，题目虽然会问是否同意某个观点，但接着的问题一般是建立在某一方立场之上的，也就无从选择自己的观点，只能支持题目描述的立场。这一类题目在写法上有别于前两类，需要特别注意。仅仅完成讨论或解释都不能算完成任务，只有完整地回答题目的问题，才能够获得理想的分数。在后边的篇章中，作者会详细介绍该类题目的写法。

『典型真题』

❶ To what extent do you think consumers are influenced by advertisements? What measure can protect them? （2007年A类真题）

❷ Nowadays, the increasing violence elements in cartoon have negative impact on children, do you agree? What kind of cartoon do you think it should be for children? （2007年G类真题）

❸ Many people are optimistic to the 21st century and see it as an opportunity to make positive changes to the world. To what extend do you agree or disagree with their optimism? What changes would you like to be made in the new century? （2005年A类真题）

相信读到这里，大家对雅思题目的分类已经有了一个比较系统的了解。雅思题目分类要在第二遍读题的时候完成，并且要确保分类准确，才能不跑题。下面我们通过几个例题，来理解和巩固雅思写作的审题步骤。

2.1 In some countries, schools aim to provide a general education across a range of subjects, in others, children focus on a narrow range of subjects related to a particular career. In today's society the two systems which is more appropriate? （2007年A类真题）

驳论

这道题涉及了两个现象，并且存在对立关系，属于对立观点开题的驳论类。

2.2 Some people think they should keep all the money they earn, and should not have to pay tax to the state. Agree or disagree?（2006年A类真题）

这道题阐述了一种观点，并问考生是否同意，属于单方观点开题的驳论类。

2.3 There are more and more effective measures of the security in large urban cities reduce the crime. Are there benefits the security outweigh drawbacks?（2006年A类真题）

看到are there benefits the security outweigh drawbacks就知道该题属于利弊讨论的解释类题目。

2.4 What arts can give to us than science and technology? Discuss and give your own examples.（2006年A类真题）

这道题目实际上是要求阐述arts相对于science and technology的重要性。但是，题目并不是要求考生讨论arts和science and technology哪个更重要，而是问what arts can give to us than science and technology。考生是没有选择余地的，只能论证arts的正面作用。因此，这道题应当是解释类。

2.5 Higher education should be funded in several ways: all costs by the government; all costs by the student; government loan and student repaid after graduate. Discuss the benefit of each way and which one do you think is the best.（2007年A类真题）

表面上看这一题目比较长，但其实质十分简单，考生不易跑题。本题格式非常明显，首先阐述了目标话题：高等教育的费用应该由谁承担。进而给出了三种可能的学费融资方法：all costs by the government，公费；all costs by the student，自费；government loan and student repaid after graduate，贷款。最后，要求讨论三种方法各自的好处，并且明确要求考生表态认为哪一种方法最好。这类题目属于驳论加解释类，要求考生解释各类方法的优点，然后论证其中哪一种最好。题目已经明确了各分论点，不需要考生思考，直接下笔即可。显然，本题有一个中心（学费谁承担？）和三个分论点（如上述），考生可完全按照本书后篇介绍的方法进行写作。

2.6 Some people say that governments should pay for the health care and education but other people say that it is not the governments' responsibility.

Discuss and give your views. （2007年A类真题）

这一题目的结尾是discuss and give your views，看起来非常像驳论加解释类，但是事实上这一道题目属于驳论类。仔细读题不难发现，题目陈述了正反双方的观点，正方认为governments should pay for the health care and education，即政府应当承担健康与教育的福利费用；反方认为it is not the governments' responsibility，即这不是政府的责任。题目要求考生讨论并且给出自己的观点，并没有要求解释现象或者给出解决方案。如果考生理解为驳论加解释类，可能花笔墨写“政府应当如何处理医疗和教育的社会福利”。但是题目问的是“政府应不应该承担医疗和教育的福利费用”，写作的重点应该放在讨论“应该”还是“不应该”，而不是“如何”。错误的分类将会导致一定程度上的偏题。

通过上边的例题，相信您应该对雅思大作文的题目分类有了一个了解。如果还对雅思写作题目的分类有疑问，不妨试试用题目的标志性语言来区分其类别。下面列出了几种考试中常用的雅思写作题目命题语言，这些都能够帮助您在考试时快速分类。

驳论类

Some (people) think that …

Some (people) think that …, but others …

…, what's your opinion?

…, to what extent do you agree or disagree?

Many people say … should be …, others say …, Discuss and give your opinion.

解释类

…, what are the reasons?

…, does the advantage outweigh the disadvantages?

…, what are the benefits? Are there any backwards?

解释加驳论类

…, to what extent do you agree or disagree? What …should it be?

…, to what extent do you agree or disagree? What … should be done to …?

…, discuss the benefit of each and which one do you think is the best.

第三节
理解题目细节

在将题目分类之后，就要进行审题的第三遍读题。第三遍读题要完全吃透题目，找到写作的切入点，旗帜鲜明地列出自己的写作中心，并且坚决贯穿全文。本节和下一节将介绍如何进行第三遍读题，彻底地理解题目。本节主要介绍如何理解雅思写作题目的细节，包括理解陌生的词汇和分析长难句型。

很多考生都曾跟作者提出过这样一个问题：雅思写作题目看不懂。在进行交流和研究后发现，其实并不是考生没有能力读懂雅思写作题目，而是题目上的一些陌生词汇、复杂句型或者一些新颖古怪的提问方法“吸引”了考生的注意力，以致阻碍了考生对题目的理解。

我们重新看一看雅思写作题目的要求。对于A、G类大作文，雅思考试要求考生就某一话题进行讨论，写一篇不少于250单词的议论文。很显然，只要文章是围绕“某一话题”进行讨论并且不偏离该话题，就没有跑题、偏题。至于这“某一话题”是什么，则是在雅思写作考试题目中给出的。审题的任务就是要找出这“某一话题”，而不是逐字翻译写作题目。逐字翻译（英译汉）的题目仅仅在专业八级英语考试中出现，在其他任何考试中（包括雅思、托福、四六级）都不可能出现这种难度的题目。但是，很多考生却喜欢逐字翻译写作题目，以至于被一些陌生的单词或者复杂的语法难住，不但浪费了宝贵的时间，还为自己增加了解题难度。那么，正确的审题方法又是怎样的呢？不读懂所有的单词和句式也能理解题目的意思吗？

这里作者要告诉您一个审题的基本原则，也是审题的关键技巧：

在审作文题目的时候，要从宏观意思上理解题目，而不是微观的词句。换句话说，要从题目的大面上去理解，而不是尝试理解每一个单词。

这一审题基本原则不仅对于雅思写作部分，对于托福、四六级等英语考试的写作部分也是一样适用的。

在宏观审题的基础上，能够理解所有的单词和句式当然对题目的理解更有帮助。如果碰到生词或难句，只要不是核心词句都可以略过。如果确实涉及到核心词句，有碍题目理解，作者也会教您如何理解和猜测陌生单词和复杂句式。本节分为三个部分：第一部分介绍怎样进行宏观审题；第二部分介绍怎样破译陌生单词；第三部分介绍怎样理解复杂句式。

怎样进行宏观审题

具体怎样做才能够进行宏观审题呢？其实很简单，只要提炼出雅思写作题目的核心内容，就可以完成宏观审题。所谓提炼题目核心内容，就是将一个话题的主谓结构提炼出来。简单说来，就是：

谁（什么）　　　　　　怎么样（干什么）

拓展开来，就是提炼句子的5W要素：

Who	When	What	How	Why
谁（什么）	什么时候	怎么样（干什么）	怎么办	为什么

“谁”、“怎么样”是题目的主干，而“怎么办”、“为什么”是典型的解释类写作题目标志。考生一般只需要提炼出“谁”和“怎么样”就可以了。

3.1 Lectures in the past were used as a way of teaching large number of students. But nowadays because of the development of technology, we do not use lectures. Do you agree?（2007年A类真题）

这道题目属于典型的驳论类。它分为三部分，第一部分阐述写作话题，第二部分阐述对立观点，第三部分为题目例行问法。关键是第一部分的理解。我们来提取它的主谓结构：

Who（主语）：Lectures；
When：in the past；
What（谓语+宾语）：were used as a way of teaching。

找到了主谓结构，话题的意思就非常明确了：演讲课程在过去是一种授课方式。

再看第二部分，有一个明显的连接词“but”标志着转折。我们再来提取它的主谓结构：

Who（主语）：we；
What（谓语+宾语）：do not use lectures。

很简单：我们不用演讲课程了。

这一句话的前半部分（nowadays because of the development of technology）不起实质作用，但是却给文章的论点指引了方向。考生可以从the development of technology衍生出一系列论点，例如：远程教育，在线研讨，电子图书馆等等。

把两部分连接起来理解，就是：

演讲课程在过去是一种授课方式，今天（由于科技发展）我们不再使用了。

问：同意这种观点吗？

题目的宏观意思抓住了，写作时自然就有了比较明确的方向。

我们再看一道真题：

3.2 There are many advertisements directed at children, such as snacks, toys and other goods. Parents argue that children are under pressure. Advertisers claim that the advertisements provide useful information. What s your opinion?（2006年A类真题）

提炼题干：

“(many) advertisements (directed) at children”，“parents argue ...”，“advertisers claim ...”

题干是“许多针对儿童的广告”，这不难理解。理解的难点在parents argue that children are under pressure，这句话要怎么理解呢？如果逐字理解，就是“儿童有压力”。这个大家都看得懂，但是具体是什么意思？又该怎么写作呢？这时候很多考生就会思考：广告对儿童有哪些压力呢？最后偏向写“广告对儿童的压力”，就有一点偏题了。这时候，审题不能够逐字理解，否则就会陷入百思不得其解的困境。考生要从整体意思上理解，简单地理解为“父母认为对儿童不利”，而广告商当然宣称“对儿童有利”。这就比理解成“父母认为对儿童有压力，广告商认为提供了有用的信息”简单多了。这道题实质上也就是如此简单：针对儿童的广告，父母强调弊端，广告商强调有利，您的看法是什么？

以上两道真题略显简单，在雅思写作考试中，也会频繁地出现难度较高的词汇和句式。当出现这些障碍时，切忌恐惧和慌张，仍然按照初步浏览、划分类别、理解细节的步骤，消化题目的意思，从宏观上抓出题目的主干。从整体上理解题目，而不是尝试翻译每一个单词。

再来看一道真题：

3.3 There are more and more effective measures of the security in large urban cities reduce the crime. Are there benefits the security outweigh drawbacks?

（2006年A类真题）

提炼题干：

(more) measures (in cities) reduce crime

题目一下子就变得简单了。宏观的意思就是降低（城市）犯罪的措施（多了），问是否利大于弊。至于effective、security、urban等单词，可能会有一两个考生不大熟悉，但是对理解题目完全没有障碍。如果不相信，可以完整地解析一下整个题目的意思：越来越多的有效的安全措施被用来降低大型城市的犯罪，这对于治安是否利大于弊呢？写法是完全一样的。即使跳过陌生的词汇，也不会造成偏题。反而，过于花时间思考个别单词的意思，可能误入歧途。

通过看上边的几个例子，考生应该已经掌握了如何从宏观上理解题目的意思，而不是把时间和精力花在理解个别词句上。但是，有时题目的主干也会出现一些比较陌生的词汇，如果不理解就无法读懂题目的宏观意思。这种题目比较少见，在雅思写作题目中的核心词汇使用的都是比较简单常用的基础词汇，但是偶尔也可能见到一些相对有难度的词汇。如果出现了，考生也可以用下面介绍的方法来审题。

怎样克服陌生词汇

克服陌生词汇需要靠猜测能力。所谓猜测能力就是利用一切可能的方法和线索，将陌生词汇的意思猜测出来。这里作者介绍两种方法：词根推断法和并列结构推断法。

❶ 词根推断法

很多考生害怕复杂的单词。其实，单词越复杂，越容易猜出单词的意思。单词越复杂，包涵的词根就越多，通过词根，就能很容易地将单词的意思推断出来。单词的构成是一门学问，有兴趣研究的朋友可以阅读构词方面的书籍，不是三言两语能够说清楚的。这里仅仅介绍一些构词的简单常识。复合词是由简单的词汇加上词缀构成的，简单的词汇就是复合词的词根，词缀一般决定了这个词的词性和褒贬色彩。如果认识词根，就能够猜出复合词的意思；而认识词缀，则能够猜出复合词的大致词性或感情色彩。一起看下面的例子。

antibiotic

这个词在雅思考试中曾出现过，但是要认识这个单词，一般来讲至少要大学英语四级以上的水平。这个单词就是一个非常典型的复合词，它由anti-和biotic组成。anti-的意思是“反对，抵抗”，而biotic是“生物的”的意思。即使不认识biotic，也可以由biology联想到大概的意思，只要知道是与“生物”有关的就可以了。antibiotic就是“抗生素”。

不妨再练习一个。猜测一下anti-lock breaking system (ABS)的意思。这个词组是汽车用语，很多朋友都见过，是什么意思呢？anti-的意思已经知道，block有“阻塞”的意思，ABS就是汽车的“防抱死系统（防止制动系统抱死失灵的技术）”。

以上两个单词并没有直接出现在雅思写作考试中，而是在阅读考试里。写作命题中的单词会远远比上面的例子容易。下面介绍一些基本的词缀，掌握了这些词缀之后，就能够猜到一些词汇的意思，应付写作考试的复合词就绰绰有余了。

a-	表示“在……”	[例] ahead；asleep
ab-	表示“相反”	[例] abnormal
anti-	表示“反对，抵抗”	[例] antibiotic
auto-	表示“自动，自己”	[例] automation
be-	表示“使成为”	[例] beware
bi-	表示“成双的，一对的”	[例] bilingual；bike
co-	表示“联合，伴同”	[例] cooperate
con-	表示“共同，联合”	[例] concentre
de-	表示“下降，减少”	[例] decrease；depression
dif-	表示“不同的，否定的”	[例] different
dis-	表示“分开，分离，否定，不”	[例] disable
en-	表示“使……成为，在……之中”	[例] enable
ex-	表示“由……出来，自”	[例] export
ex-	表示“非常，极”	[例] extra；excel；exact
il-	表示“不，否定的”	[例] illegal
im-	表示“进入”	[例] import
in-	表示“否定，与……相反”	[例] independent
inter-	表示“相互的”	[例] interact

ir-	表示“不，无”	[例] irrelative
micro-	表示“微观的”	[例] microscope
mis-	表示“错误的”	[例] mistake；misunderstanding
mono-	表示“孤独的，单独的”	[例] monobed
multi-	表示“多的，复杂的”	[例] multiple
non-	表示“非，无，不”	[例] non-swimmer
out-	表示“在外的”	[例] outdoor
over-	表示“在……上面，优越”	[例] overcharge；overeat
post-	表示“……之后的”	[例] postgraduate
pre-	表示“向前，在前的”	[例] pre-sessional
re-	表示“再，重新”	[例] redo；return
semi-	表示“一半的”	[例] semifinal
super-	表示“超级的”	[例] supervisor
sur-	表示“超出的”	[例] surface
trans-	表示“变换”	[例] transformer
un-	用于形容词之前，表示“不”	[例] unable；uncertain
under-	表示“不足的”	[例] underestimate
uni-	表示“单一”	[例] unicolor
-able	表示“能够”	[例] suitable
-dom	表示“状态”	[例] freedom；kingdom
-ee	表示“……的人	[例] employee
-e, -or	表示“从事某行业的人”	[例] teacher
-ese	表示“某国家的”	[例] Chinese
-ess	表示“女性”	[例] actress

-ful	表示“……的”	[例] beautiful
-ical, -ic	表示“……的”	[例] critical
-ion, -tion	表示“状态，具体化”	[例] competition
-ism	表示“……主义”	[例] realism
-ist	表示“……家”	[例] artist
-ity	表示“……的”	[例] reality
-ise, -ize	表示“将……化”	[例] globalize
-less	表示“没有，无，不”	[例] useless
-ly	表示“……的”	[例] lovely
-ment	表示“状态，具体化”	[例] management
-ness	表示“状态”	[例] darkness
-ous	表示“……的”	[例] serious
-ship	表示“状态”	[例] scholarship
-ward	表示“方向”	[例] foward

把词根推断法运用到考试中还需要在平时扩充词汇和阅读练习时多注意猜词，熟能生巧。练习的越多，自然就越熟练，词汇量才会发生质的飞跃。下面来看一道真题：

3.4 In many countries today there is insufficient respect to old people. What are the reasons? What problems it might cause? （2007年A类真题）

提炼题干：

(there be) insufficient respect (to) old people

理解的关键在于insufficient的意思。这个词其实并不难，知道词义的话整个题目相当容易理解，不知道的话则会对题目的理解构成极大的障碍。sufficient是“足够”的意思，in-往往表示“不的，反的”，insufficient就是“不足够”的意思。题目迎刃而解：（在今天的很多国家人们）对老人不够尊重，要求给出原因，并叙述可能的后果。

3.5 Some people believe that some unpaid community service should be a compulsory part of high school programs. Do you agree or disagree?

提炼题干：

“unpaid community service”，“a (compulsory) part”

题目关键在于对unpaid community service和compulsory的理解。paid是pay的分词形式，作形容词时的意思是“付费的、收费的”。un-意为“相反的”，unpaid就是“免费”的意思。community是“社会”的意思，unpaid community service就可以理解为“免费的社会服务”，实际上也就是“义务劳动”。compulsory是雅思考试中常见的单词，意为“必需的、强迫的”，compulsory courses是必修课，这个单词在听力中也常常出现，各位考生要记住。在知道了这几个词的意思后，题目就迎刃而解了：义务社会劳动是高中课程必要的一个部分。

❷ 并列结构推断法

很多时候，雅思写作题目中给出的信息含有并列结构，而这类题目包含的信息往往比较多，涉及的词汇也比较多，考生容易遇到阻碍。实际上，并列结构的命题是相对比较容易的一类题目，因为从并列结构中，我们可以通过属于并列关系的一个词推断出另一个词的意思。我们通过下面几道真题来学习用并列结构推断法审题。

3.6 In order to improve the quality of education, high school students should be encouraged to evaluate and criticize their teachers, but other think it will result in loss of respect and discipline in classroom. To what extent do you agree or disagree?（2005年A类真题）

这一道真题包含了一些颇有难度的词汇。认全这里边的所有单词，至少需要大学英语四级以上的水平。多数考生都属于见过这些词汇，准确的意思却说不上来的状况。庆幸的是，这道真题里包含了两个并列结构：evaluate and criticize their teachers和respect and discipline in classroom。通过并列结构，只需要知道and前边或者后边的任意一个词的意思，就可以推断出另一个的意思。或者不需要猜测另一个单词的意思，直接当成同义词处理，因为它们的感情色彩（褒贬）是一样的，意思也是基本相同的。这道题目中的evaluate是“评判”的意思，criticize是“批评”的意思，两者在题目里的意思没有太大区别，只要知道其中一个词汇的意思就可以理解题目了。而respect的意思是“尊重”，discipline的意思是“纪律”，loss of respect and discipline in classroom意思是“缺少课堂的庄严”。另外，从but一词也可以知道前后内容一定是对立关系，前边既然是“批评老师”，就能基本猜到后边是“尊重老师”的意思。反之亦然。

再看一道真题：

3.7 Some people think museums should be enjoyable places to attract and entertain young people. Other think the purpose of museums is education, but not entertain. To what extent do you agree or disagree? （2006年A类真题）

提炼题干

museums (be) places to attract and entertain young people

解题的关键就在于理解attract and entertain，只要理解其中一个词汇，就可以解题。attract的意思是“吸引”，entertain的意思是“取悦”，两者意思基本相同。题干的意思是：博物馆应当愉悦年轻人。

并列结构的动词和形容词可以相互猜测词义，而名词似乎令人头疼，不认识某些名词，就不知道题目说的是什么，有时候不敢下笔，影响发挥。实际上，并列结构的名词也是一样可以相互推测词义的。

看一道简单的真题：

3.8 Some people claim that public museums and art galleries will not be needed because people can see historical objects and works by using computer. To what extent do you agree or disagree? （2007年A类真题）

提炼题干：

public museums and art galleries will not be needed

题目所提到的public museums和art galleries都是指“博物馆、艺术馆、画廊等公共文化的场所”，不需要知道具体所指的究竟是什么，只要知道大概的类别，就可以理解题目的意思了。后边的historical objects and works用法并不常见，然而只要知道historical objects是“历史文物”，或者知道works是“著作、物品”，都可以理解题目的意思。

考生遇到雅思写作题目中有并列结构的时候，可以大胆地通过并列结构中的一个词汇推断另一个词汇的意思。或者将陌生的部分删除，大胆使用熟悉的部分进行理解。以上边这道真题为例，我们可以大胆删除并列结构的一部分，把题目变成：Some people claim that public museums will not be needed because people can see historical works by using computer．读起来是不是简单多了呢？

需要指出的是，雅思写作命题的词汇难度呈逐年下降的趋势。也就是说，难度较大的词汇在近年的考试中越来越少。雅思写作的思路是让考生理解题目，让考生有的说、有的写。题目的深度也从比较刻薄古怪的社会问题（如妇女是否应该参军，对儿童的虐待等等）向生活化的问题发展（如大学生的就业，科技给人们带来的影响等等）。考生不必太担心生词的问题，在今后的考试中，生词会越来越少。当然，一旦遇到了生词，考生也可以运用上面提到的一些方法去辨认。

作者从2005年～2007年的雅思A、G类写作真题中精选了一些常出现在命题中的词汇。这些词汇有的不难，但是放在题目中却不容易理解；有的是考生看着眼熟但是说不上来意思；有的是题目里的关键词；有的是一些颇有难度的词汇。在理解题目上有困难的考生应记住这些词汇，做到烂熟于心。这些词汇是雅思写作题目中出现最频繁的词汇，全部都是在三年内出现过三次以上，相信考生掌握这些词汇一定能够在考试的时候发挥作用。

雅思写作命题常用词汇

responsible	*adj.*	有责任的	
identity	*n.*	特征	[例] cultural identity 文化特征
criminal	*n.*	罪犯	
violence	*n.*	暴力	
prison	*n.*	监狱	
proportion	*n.*	比例	
steadily	*adv.*	稳定地	[例] steadily increasing 稳定增加
fuel	*n.*	燃料	
resource	*n.*	资源	
urban	*n.*	城市的	[例] urban cities 城市
drawback	*n.*	缺点	
outweigh	*v.*	价值超过……	[例] benefits outweigh drawbacks 利大于弊
appropriate	*adj.*	适当的	

insist	*v.*	坚持，强调
fund	*v.*	筹资
repay	*v.*	偿还
responsibility	*n.*	责任，职责
retire	*v.*	退休
overweigh	*v.*	称重，使……超重
quality	*n.*	质量
quantity	*n.*	数量
negative	*adj.*	负面的
positive	*adj.*	正面的
historical	*adj.*	历史的
transportation	*n.*	运输
charity	*n.*	慈善
compulsory	*adj.*	必需做的
export	*v.*	出口
justify	*v.*	证明……是正当的
influence	*v.*	影响
damage	*v.*	损害
perform	*v.*	履行
jam	*n.*	（交通）阻塞
plastic	*n.*	塑胶
maintain	*v.*	维持
community	*n.*	社会
snack	*n.*	小吃
postgraduate	*adj.*	研究生的

completion	*n.*	完成
muiti-cultural	*n.*	混合文化
insufficient	*adj.*	不足的
private	*adj.*	私人的
indifferent	*adj.*	无关紧要的
academic	*adj.*	学术的
inadequate	*adj.*	不充分的
stage	*n.*	舞台，场所，发展的进程
shortage	*n.*	不足
hi-tech	*adj.*	高技术的

怎样理解复杂句式

曾经有考生对作者说，对于一些雅思写作题目或者雅思阅读文章中的句子，句子里每一个单词都能看懂，但是串在一起，就是不知道是什么意思。甚至把每一个单词都翻译成中文，还是不知道句子整体是在讲什么。这是为什么呢？这种现象并不奇怪，这是由于考生分析复杂句子的能力比较弱，一些比较复杂的句式和语法就成了理解句子的关键障碍。那么，碰到这样的题目该怎么办呢？

不论多么复杂的句子，都会有它的主谓宾。准确提炼句子的主干，就是破译长难句型的关键所在。而一些词汇的活用和变意也是理解句子的障碍，通过提炼主干，将可以跨越这些障碍。

看一道真题：

3.9 Environment problems are too big for individual countries and individual people to address. We have reached the stage where the only way to protect the environment is at an international level. To what extent do you agree or disagree with this statement.（2004年A类真题）

这是一道读起来比较拗口的题目。对于所有的题目，审题的步骤是一样的。初步审题之后，对题目进行分类。很明显，题目陈述了一个现象，问同不同意这种陈述，属于典型的驳论类。然后提炼出题目的题干：environment problems are (too) big，其实就是这么简单。把主谓宾提炼出来，意思是“环境是个大问题”。这就是要求考生写的内容。

这一道题之所以显得拗口，主要是它包含了一些复杂的语法和灵活的词汇。例如，大家都知道address有“地址”的意思，但是在这里，它表示“从事，应付”的意思。这一处词汇的活用就需要考生进行展开思维的猜测，猜测不出来的，可以提炼出主干将其避过。接下来的we have reached the stage where the only way to protect the environment is at an international level包含了从句，在这里不详细讲解复杂的语法，还是提炼出主干：(only) way (to protect the environment) is at an international level，即为：国际化是（唯一的保护环境的）方法。

我们把整道题目翻译一下：环境问题严重到了依靠单独的国家和人民很难应付的程度，我们已经到了一个只有通过国际化合作才能保护环境的境地。同意这种陈述吗？显然，即使翻译成中文也很拗口。这和我们提炼出的题干“环境是个大问题，国际合作是唯一的保护环境的方法”有什么本质的区别呢？

再看一道真题：

3.10 The advantages of spread of English as a global language will continue to outweigh its disadvantages. To what extent do you agree or disagree?
（2005年A类真题）

很明显，the advantage of ... will outweigh its disadvantage是一个架子，讲的是某种现象的利大于弊。提炼题干，题目的讨论对象是(spread of) English as a global language，也就是要求讨论这种现象的利弊。对spread一词考生可能会感到陌生，对理解题目造成障碍。而且这个单词似乎处于题目的主干部分，如果不懂的话，将会有碍整体理解。其实，只要理解题目的最核心的部分就可以了。题目里的两个of，核心内容仅在于第二个（最后一个）of后边的内容。我们姑且不管spread是什么意思，简单的屏蔽掉非主体部分，将题目变成：The advantages of English as a global language outweigh its disadvantages。题目就变得简单了，译为英语作为国际语言是否利大于弊。

很多雅思写作命题都用but和however连接前后两个部分，前半部分阐释一个论点，在转折词but和however后边是另一个对立的观点，问考生同意哪一个论点。这时候，如果有不理解的单词或者句子，就可以根据转折词前后理解的一部分进行对立猜测，也可以抓住理解的部分进行单方面写作，并不会造成跑题。

看一道真题：

3.11 Nowadays, some universities offer graduate students skills that assist to find employment, but some people believe the main function of university should be to access knowledge for its sake. What s your opinion? （2005年A类真题）

这是一道典型的驳论类题目，题目用but连接前后两个部分，阐述了两个对立的观点。我们分别提炼出两个题干：universities offer students skills (to find employment)和(main) function is to access knowledge (for sake)。前半部分比较简单，意思是“大学教毕业生就业的技巧”，而后半部分的sake则成为了理解题目的障碍。这个单词看起来简单，但既不是常用词，又不是复合词，比较难猜测其意思。一些英语词汇基础较弱的考生可能对access的意思也比较模糊，这样一来，后半部分就很难理解了。但是，我们可以根据上下文的意思猜测题目要表达的内容。既然前面说的是大学偏向教学生就业的技巧，在转折后一定说的是对立的观点。大学还应该教些什么呢？通过常识以及题目里的knowledge一定能猜到大学应当传授知识，那么access knowledge for的后面应该是什么呢？一般常识应该是for students interests，sake的意思就是“兴趣”的意思。

整个题目的意思是：如今，一些大学注重教给毕业生就业的技巧，但是一些人认为大学教育的主要目的应当是传授学生们感兴趣的知识，您认为呢？

有的考生说，我猜不出sake的意思怎么办？没关系，猜不出对立部分的陌生词汇或者复杂句式的意思，可以抓住理解的部分进行单方面写作，并不会造成跑题。比如上面这道题，我们紧紧抓住前半部分，全文论述“大学就是应该注重教毕业生就业的技巧”，可以论述到“大学生上学的目的就是为了今后的就业”，“就业问题已经越来越严峻”，“如果不能就业，大学所学的一切理论知识都是纸上谈兵”，“社会更需要生产力而不是理论家”等等分论点，完全足以支撑一篇中心明确的优秀作文，不会造成跑题。

曾经有考生不理解后半部分的意思，但是为了掩饰自己的不解，花费大量的笔墨写“大学的教育目的是什么”，并且指出“大学的教育目的是教会学生怎样做人”，这显然是指鹿为马，企图掩饰缺陷反而跳进了自己给自己挖的陷阱里，造成了偏题。

通过上面三道真题，考生应明确：在审题中碰到陌生词汇或者复杂句型时，一定不要慌张。按照本书的三个审题步骤，按部就班，分析题目的分类，并且提炼题干。不认识的词汇可以先屏蔽掉。值得提醒大家的是，大胆地跳过陌生词汇，或者通过词根、并列结构和上下文意思猜出词汇的大概意思，以及大胆提炼题干化简长难句型，都不会造成信息遗漏，不会跑题。相反，在陌生单词和难懂句型上花费时间，猜错了意思，则容易发生偏题跑题。一般情况，偏题跑题都是考生太过刻意地花笔墨掩饰和修饰自己没有看懂的部分，将自己猜错的意思赋予了文章，导致作文偏离了原本很简单的主题。

第四节

确定写作中心

审题的最后一个步骤，就是确定写作中心。确定写作中心必须在下笔之前完成！只有明确地确立写作的中心，才能够一气呵成，写出观点明确、论证有力的文章。这是雅思写作至关重要的一环。切忌审题之后没有确定中心就仓促下笔，想到哪里写到哪里，写不下去了再停笔思考、凑字。这样做会直接导致整个文章中心不明、杂乱无章、论证无力，甚至出现偏题。“中心不明确”是很多英语功底不错的考生得不到高分的最主要杀手。

怎样确定写作中心呢？其实写作中心就是写文章的目的，也是论证的立场。和中文是一样的，英语议论文需要一个中心思想，作为文章的立足点和出发点，所有的笔墨都必须围绕这个中心思想进行论述。确定文章的中心思想，是一个完整审题过程的最后一步，也是作文开篇的第一步。

确定议论文的中心思想必须和确定议论文的写作结构联系起来考虑。写作结构是为了支撑中心思想而存在的，写作结构与中心思想不匹配也会导致中心不明确和文章内容松散、无力。我们将会在下一章学习雅思作文Task 2的写作结构。这里，作者将介绍几种确定写作中心的方法，考生可以参考这几种方法，快速准确地确定自己的写作中心。

首先，对于驳论类的议论文，有三种比较常用的中心思想确定方法。

❶ 坚决有力的单观点论证——“一边倒”

这种方法的特点是旗帜鲜明地树立自己的中心论点，所有的分论点都要坚决有力地围绕中心论点进行论证。作者比较推荐考生使用这种方法确定中心思想完成作文。

这种方法的好处是中心思想高度明确，论证立足点坚韧稳固，主题鲜明突出，不会偏题跑题。这种文章给读者（阅卷官）的印象往往比较深，而且论证比较有力，适于保分。这种方法的缺点是，文章会略显主观。对于一些没有思考过的话题，也可能难于在有限时间内收集足够的“一边倒”的分论点以完成作文，造成没有东西可写。

看一道真题：

4.1 Some people claim that public museums and art galleries will not be needed because people can see historical objects and works by using computer. To what extend do you agree or disagree? （2007年A类真题）

使用“一边倒”的中心思想，这道题目的中心可以拟定为The functions and status of public museums and art galleries will never be replaced by other means. 即“公共博物馆和艺术馆的地位和作用将永远不会被其他的形式所取代”。整篇文章就可以围绕这个中心进行论述，例如，突出博物馆和艺术馆的作用和意义，突出观看实物的重要性，突出博物馆和艺术馆的文化氛围。也可以举一些例子，突出故宫博物院、大英博物馆以及卢浮宫等博物馆的现场感受和地位作用不是互联网上的图片文字所能够媲美的。况且网上图片的来源不都是实物吗？结尾点题收笔，中心必然明确贯彻全文，主题鲜明。

❷ 灵活多变的多观点论证——“两边倒”

这种方法的特点是花费在正反两方面的笔墨相当，对话题正反两面都有所涉及，将事物一分为二，分别剖析长短利弊。这种方法比较客观，但是并不容易掌握。如果论述不到家反而容易造成主题混乱、中心不明。因此，考生在使用这种方法的时候，应多注意这方面的问题。

这种方法的好处是论证客观。最大的优点是对于一些思路不容易打开、论点不容易收集的写作题目，可以从正反两方面展开论述，而不是陷入单方面论点搜索的冥思苦想。简单地说就是容易“凑字儿”。缺点比较致命，就是可能造成中心思想不明确，令读者（阅卷官）读完却不知道作者究竟支持哪一方。即便是在结尾点出支持某一方，也会与文章两边倒的结构矛盾，造成立场模糊。解决的方法是在阐述中心的时候交待清楚：文章的写作目的并非支持哪一方，而是客观地评述双方的利弊。

我们仍然使用上边的public museums and art galleries（例4.1）来作例子。

使用“两边倒”的中心进行写作，这道题目就需要花基本相同的笔墨分别对两方面进行论证。一方面是the functions of public museums and art galleries are quite important.分论点包括：博物馆和艺术馆的作用和意义，观看实物的重要性，博物馆和艺术馆的文化历史氛围以及一些著名的博物馆具有不可替代的地位等等。另一方面是some times people can see historical objects and works by using computer.分论点可以谈使用电脑阅览文物照片的方便，互联网上的资源丰富，并且可以举例坐在上海的家中就可以浏览卢浮宫的Venus（维纳斯）和Nike（胜利女神），既省了时间和机票，也节省了精力。最后收笔于：博物馆必然不可以被取代，但是通过电脑浏览历史文物也有其不可比拟的便捷性，两者并不矛盾，可以并存。在未来两者会相互促进和依赖，互联网上的资源来源于博物馆中的实物，而博物馆文化也通过互联网得到了发扬和宣传。

❸ 单观点为主加让步论证——“偏一侧”

这种方法的特点是，旗帜鲜明地指出文章的中心，即偏向一方，并且花大量笔墨进行正面论证。但是，也会花少量笔墨从反面进行让步论证，例如阐述所支持论点的不足之处，或者对立论点的好处。这样既显得论证科学客观，内容又充实饱满。作者强烈推荐考生使用这种方法确定中心思想完成雅思作文。

这种方法的好处结合了“一边倒”和“两边倒”的优点，一方面是主题鲜明突出，另一方面又显得客观务实，而且正反两边都可以论证，可供写作的内容较多。“偏一侧”的方法没有明显的缺陷，但是掌握不到位可能会变成“两边倒”的文章，使文章中心发生偏离。使用该方法的一个主要技巧在于，在进行让步论证的时候，应避开文章所支持一方的致命缺陷，就一些无关疼痒的缺陷进行让步论证。

我们还是使用public museums and art galleries（例4.1）这道真题作为例子。

使用“偏一侧”的方法进行写作，应旗帜鲜明地指出The functions and status of public museums and art galleries will never be replaced by other means.并且花比较多的笔墨进行支持该论点的论证。然后，用一个自然段进行让步论证：However, some times people can see historical objects and works by using computer. 注意，这里的写法就不能和“两边倒”中支持“使用电脑浏览文物”的论证一样了，这里需要突出“虽然在电脑上浏览的效果不能和直接去博物馆相比，但是在去不了博物馆的情况下（例如没有时间），在电脑上浏览也不失为一个很好的替代选择。”在文章结尾的时候，还可以说“就像实况足球转播永远取代不了现场看球一样，博物馆也不会被电脑上的图片所取代。但是，在客观条件有限的时候，使用电脑浏览文物也是未尝不可的。”注意，在让步论证中如果出现诸如：在电脑上阅览远远比去博物馆方便得多，而且资源也更加丰富的分论点，就显得过分让步了，甚至变成对自己的中心论点进行攻击，最后将不能自圆其说，导致中心混乱。

对于解释类的议论文，有以下两种方法确定中心思想。

❹ 因果演绎论证——“因果法”

这种方法适用于解释类的原因讨论类题目。其中心思想就是有逻辑地阐述和解释问题的本质，按照事物的发展因果关系进行论证。首先阐述客观现象，然后阐述问题的原因，继而推断问题可能产生的后果，最后给出解决方案和治理措施。

用一道真题作例子。

4.2 Cars cause many problems. What problems? And should we discourage people to use cars? （2007年A类真题）

这道题的中心思想可以拟定为有逻辑地解释problems caused by cars。它可能并不像驳论类的中心那么明确具体，而是稍显抽象，但其实质是一样的，中心思想就是全文写作的目的。围绕这个中心思想，我们可以首先说汽车都产生了什么问题，例如“air pollution”，“traffic jam”，“traffic noises”，“energy resource crisis”等等。然后解释原因（本题没有明确要求解释原因，写好了可能锦上添花，写不好可能画蛇添足，但是不要奢望达到雪中送炭的目的。时间富裕或者字数不够的时候可以考虑加入原因，否则不写也可以），例如“increasing demand of cars”，“nowadays, car is the most important mean of transportation”，“people are getting rich”等等。进而阐述可能的解决方案，这道题问的是should we discourage people to use cars?一般常识来讲，答案应该是：It is impossible to forbid people to use cars in modern world. However, some policies could be taken to reduce the problems caused by cars. 例如“establish more advanced and convenient public transportations”，“encourage people to use bicycles”and“increase the taxes of cars and fuel”。

❺ 客观利弊谈——“利弊法”

这种方法适用于确定为解释类利弊讨论类的题目。与驳论类的“两边倒”不同，这类题目在题目中明确某两个对立的观点，而且仅给出一种现象，要求考生陈述advantages和disadvantages。这类题目的中心就是“客观地阐述某现象的利弊”。考生可以在作文最后给出自己的观点，例如偏向好的一面，认为该事物利大于弊，可以发扬推广；或者弊大于利，应当予以杜绝。考生也可以不给出自己的观点，客观地说明任何事物都有利也有弊，并且拭目以待该事物以后的改进和发展，是否能适应社会和人类的需求。

用一道真题作例子：

4.3 Do the positive effects of advertising outweigh the negative effects?

(2005年A类真题)

这是一道非常经典的题目。关于advertisement, 2005年～2007年已经重复考过八次，只是题目有所改动，例如：广告对人们生活的影响，广告对儿童的影响等等。这道题目很明显需要谈到positive effects of advertisement和negative effects of advertisement，是典型的解释类利弊讨论类题目。这道题的中心可以拟定为“客观地谈广告的利弊”，从两方面分别写一写广告的利弊就可以了。最后可以说广告还是利大于弊，因为“虽然广告有诸如泛滥、夸大、虚假以及煽动消费等弊端，但毕竟使人们了解了更多产品，提高了人们的生活水平，为人们购物带来了便捷”。也可以说广告有利也有弊，因为“广告既为人们带来了方便，同时也带来了不少的麻烦。具体还是要看消费者怎样理解和使用广告”。

对于驳论加解释类的题目，中心的拟定方法则是将驳论类和解释类各自的方法结合在一起就可以了。

看一道真题：

4.4 Higher education should be funded in several ways: all costs by the government; all costs by the student; government loan and student repaid after graduate. Discuss the benefit of each way and which one do you think is the best. (2007年A类真题)

这道题我们用“一边倒”和“利弊法”相结合，就可以将中心拟定为：各种学费融资方法有各自的优点，但是政府出资（或自费、贷款）是最合理的。围绕这个中心思想，写法就变得非常简单，在这里就不多阐述了。

本篇结语

通过本篇的学习，考生应该掌握审题的基本步骤和方法，掌握雅思写作题目的分类、主干的提炼以及中心思想的拟定。

最后需要再次强调的是，审题是非常重要的，它决定着写作的中心和主题，决定着写作卷的评分档次。审题的错误是相当严重的，它不像结构、论证和语言，有了错误和漏洞还可以相互弥补，均衡分数，审题错误造成的跑题、偏题都是无法弥补的。多数语言不错但是评分在5.0分上下的写作卷，都是由于跑题、偏题造成的，也就是审题的过失。因此，请考生务必牢记审题的步骤，并且认真仔细地进行审题。

第三篇
雅思写作结构篇

在本篇，作者将向您介绍雅思写作Task 2的写作结构，重点强调如何规划框架和如何合理分段。

在完成对雅思写作题目的审题之后，就要根据中心思想拟定全文的结构框架。结构是雅思写作评分标准中至关重要的一项，却也是最容易拿分的一项。不少考生对自己的语言（句式和词汇）没有信心，那么一个好的文章结构则是保障基础分和争夺高分的关键所在。用一个非常老套却十分形象的比喻来说，写作的结构就像是盖起高楼大厦的钢筋栋梁，是工程成败的关键；而语言（句式和词汇）是砖瓦，只有架子打好了，才能突出砖瓦的美化作用。本篇，作者将介绍几种实用的雅思议论文写作结构，教大家“搭架子”。

首先介绍雅思写作的格式，然后介绍如何进行雅思作文分段。在本篇的第三节，也是最重要的一节，将系统地介绍雅思议论文的几种写作结构。只要记住作者提供的几种雅思议论文写作结构，基本就可以应付全部的雅思写作题目。

第一节
雅思作文的写作格式

雅思作文Task 2要求考生针对某一抽象事物（往往是社会热点话题）进行论证和探讨，形式是一篇不得少于250单词的议论文。A类与G类作文要求相同，只是范围不同。在具体介绍写作方法之前，考生有必要了解雅思写作的书面格式。

☆ 作文卷答卷纸

首先，我们先了解一下雅思作文卷的答卷卷面形式，以下就是标准的剑桥雅思考试作文卷答卷纸。

INTERNATIONAL ENGLISH LANGUAGE TESTING SYSTEM

BRITISH COUNCIL　IELTS AUSTRALIA　UNIVERSITY of CAMBRIDGE ESOL Examinations

WRITING ANSWER SHEET

Candidate Name: ....　Candidate Number: ....

Centre Name: ....　Date: ....

Module:　ACADEMIC ☐　　GENERAL TRAINING ☐　　(Tick as appropriate)

TASK 1

EXAMINER'S USE ONLY

EXAMINER 2 NUMBER: ....

CANDIDATE NUMBER: ....　EXAMINER 1 NUMBER: ....

图3.1 雅思考试作文答卷纸第一页（Task 1）

-2-

EXAMINER'S USE ONLY

EXAMINER 2 TASK 1	TA		CC		LR		GRA	

UNDERLENGTH		NO OF WORDS		PENALTY	
OFF-TOPIC		MEMORISED		ILLEGIBLE	

EXAMINER 1 TASK 1	TA		CC		LR		GRA	

UNDERLENGTH		NO OF WORDS		PENALTY	
OFF-TOPIC		MEMORISED		ILLEGIBLE	

图3.2 雅思考试作文答卷纸第二页（Task 1）

TASK 2 -3-

EXAMINER'S USE ONLY

图3.3 雅思考试作文答卷纸第三页（Task 2）

-4-

EXAMINER'S USE ONLY

EXAMINER 2 TASK 2	TR		CC		LR		GRA	

UNDERLENGTH		NO OF WORDS		PENALTY	
OFF-TOPIC		MEMORISED		ILLEGIBLE	

EXAMINER 1 TASK 2	TR		CC		LR		GRA	

UNDERLENGTH		NO OF WORDS		PENALTY	
OFF-TOPIC		MEMORISED		ILLEGIBLE	

图3.4 雅思考试作文答卷纸第四页（Task 2）

☆ 雅思写作的格式

雅思作文并没有强制规定一种答题必须的格式，任何国际标准的英文书写格式都可以被接受。作者在这里介绍两种国际流行的格式，供考生选用。

❶ Normal Style in Single Space

普通的单行距格式，这是在雅思考试和其他各类英语考试中使用频率最高的一种格式。该格式在国际上被普遍接受，优点是段落清晰、结构明了。在雅思考试中，这种方法是非常值得使用的。

Normal Style in Single Space方法的标准格式是：每一个自然段顶格起笔（段首不空格），文章的每两行之间不空行（单倍行距），文章的每两个自然段之间留出一行空白。（见第49页）

❷ Traditional Written Style

传统的书面写作格式也是一种广泛被接受的英文写作格式，有超过千年的使用历史，应用在书信、日记、文稿等书面领域，也是当今很多纸媒体应用最多的一种印刷格式。这种格式和中国的普通行文格式也非常相似，因此不少中国考生习惯于使用这种格式。其优点是历史悠久，应用范围广，阅读起来较有亲和力，以及非常易于使用。缺点主要在于这种格式比较拥挤，文章显得没有呼吸的空间。如果书写字体比较大，又比较难看，则会让阅读者反感甚至不适（尤其是对于日阅百卷的雅思作文阅卷管）。如果书写字体小巧美观，则会使这种格式发挥出优势，显得像印刷体一般，让阅读者赏心悦目。

Traditional Written Style方法的标准格式是：每一个自然段前空四个字符位置起笔（空出一到两个单词的位置），文章的每两行之间不空行（单倍行距）；文章的每两个自然段之间也不空行（新的自然段通过段首空格加以辨别）。（见第50页）

标准范例：（Normal Style in Single Space）

TASK 2 -3-

Since the development of the industry and information technology in the last century, various news media have mushroomed, such as TV, internet and radio. Some people say that they will replace books and written words as the main source of information. Personally, I agree this point because I've tasted many benefits from the electronic media.

There are three major advantages of the electronic media. Firstly, the electronic media is the fastest and most effective way of obtaining information. Nowadays, information has the tendency to supersede techniques and becomes the most important element in many areas such as business. A survey taken by Beijing University of Technology shows that about 30 per sent people obtaining information by browsing the internet, and 42 per sent people prefer TV and radio, only 22 per sent choose rèading newspaper and magazine.

Secondly, the electronic media can save time and money. One can set in front of the computer to see what is happening over the world by clicking the webs. Also the internet education offers long-distance class for students. Moreover, most resources from TV, internet and radio are free. Thirdly, the electronic media have super capacities to save information. A DVD can save more than 1000 books just in a disc. It is also easy to find the relevant information. Professor Yue (2007) indicated that more and more students prefer searching

EXAMINER'S USE ONLY

标准范例： (Traditional Written Style)

TASK 2 – 3 –

Since the development of the industry and information technology in the last century, various news media have mushroomed, such as TV, internet and radio. Some people say that they will replace books and written words as the main source of information. Personally, I agree this point because I've tasted many benefits from the electronic media.

There are three major advantages of the electronic media. Firstly, the electronic media is the fastest and most effective way of obtaining information. Nowadays, information has the tendency to supersede techniques and becomes the most important element in many areas such as business. A survey taken by Beijing University of Technology shows that about 30 per sent people obtaining information by browsing the internet, and 42 per sent people prefer TV and radio, only 22 per sent choose reading newspaper and magazine.

Secondly, the electronic media can save time and money. One can set in front of the computer to see what is happening over the world by clicking the webs. Also the internet education offers long-distance class for students. Moreover, most resources from TV, internet and radio are free. Thirdly, the electronic media have super capacities to save information. A DVD can save more than 1000 books just in a disc. It is also easy to find the relevant information. Professor Yue (2007) indicated that more and more students prefer searching academic references online rather than going to the library.

However, the electronic media has some limitations on the other hand.

EXAMINER'S USE ONLY

☆ 雅思写作的字体

雅思写作对作文卷的写作字体没有特殊的要求，但是规定使用铅笔作答，可以使用橡皮。雅思考试会提供一只考试专用铅笔和一块非常小的绘图橡皮（见下图），考场提供的橡皮不易使用，建议考生自己准备一块白色橡皮（去掉外包装）。

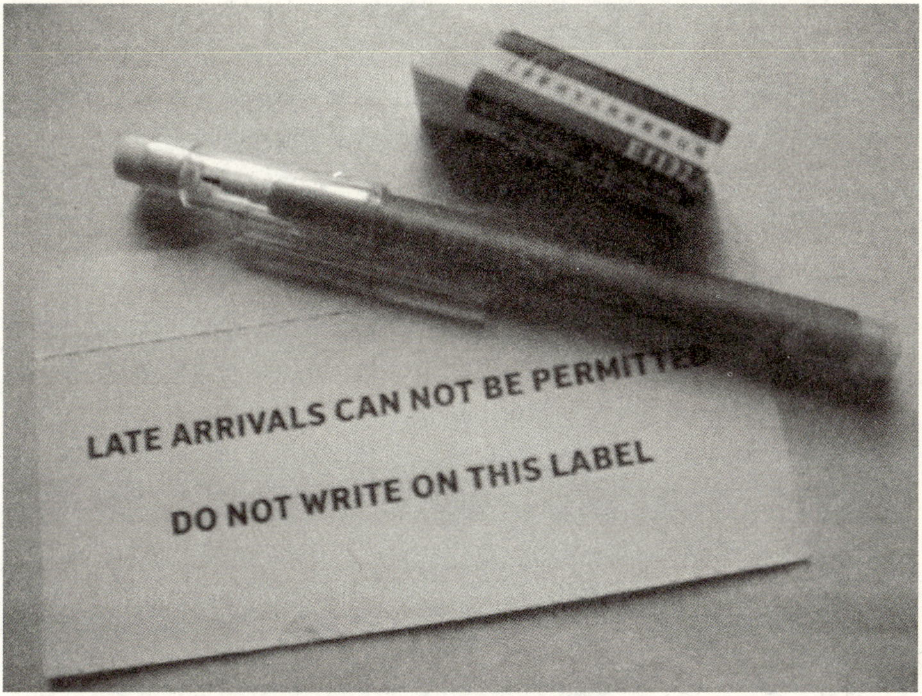

雅思考试配发的铅笔与橡皮

雅思考试的写作评分标准中没有“卷面分”，但在评分栏里有一项“ILLEGIBLE”，即会扣除难于辨认字体的分数。因此，考生虽然不必为了考雅思去练字，但是一定要保证书写工整清晰。字体无法辨认和拼写错误都会扣除相应的分数。

以下是写作字体的几点注意事项：

- 书写字体切忌过小，也不宜过大。
- 一行平均书写9～14个单词为宜，不要超过16个单词，每行字数尽量均等。
- 单词与单词之间拉开空隙。
- 不要写连笔字。
- 不要写变体字。
- 写错的地方用橡皮擦去，不要乱划。
- 大小写要分清。

☆ 雅思作文的字数

雅思考试大作文卷的字数要求是“不少于250单词”，在评分栏有“NO OF WORDS”一项。少于规定字数的作文会被扣除分数，按照评分标准，每少50单词会扣除大作文总分1分，不足50单词的按照50单词计算。所以，考生就是凑也要凑够250个单词。按照本书教授的方法，250个单词还是非常容易完成的。注意，雅思作文考试没有规定字数上限，但是超过400单词的作文卷都没有太高的分数，因为太过冗余。所以考生应当适当控制字数。一般的作文在260～300单词为黄金字数范围，使用常用的普通单行距格式写作的话，一般会写到Task 2答卷纸第二面页面的三分之一到一半左右的位置。

注意切忌泛泛地写，不是字数越多越好，阅卷官非常反感长篇累牍的作文。写作文和做其他事情一样要讲究效率，行文风格要简单有力，而不是漫长冗余。如果用280单词能够说明的问题，某考生用了400单词，这本身就是一种写作能力上的不足。用更多的字数表现自己的观点只会暴露自己的缺点。当然，有必要用更多字数说明问题的时候，或者需要表现华丽文笔的时候，一定要不惜笔墨，展现文采。

☆ 引用文献的格式

引用文献在A类雅思作文中应用较多，在G类雅思作文中也有少量的涉及。所谓引用文献，就是诚实地、求实地、科学地引用别人的观点，尊重他人的劳动果实，这一点在英美国家被视为学术领域最严格的要求。如果您的观点是出于他人出版的书籍、发表的文章、公开的演讲或者其他途径，一定要注明原作者的名字，不注明则是plagiarism（学术剽窃）。在英国和美国的高等教育领域，剽窃可以直接开除学生的学籍。

首要强调的是，在2006年1月雅思题目改革之后，明确指出文章论点和内容需要include any relevant examples from your own knowledge or experience。也就是说，论据更偏向于使用考生的知识和经历，而不是引用别人的观点。实际上，由于雅思闭卷考试的限制，考生是不可能在答卷时使用其他图书和资料的，那么完全引用他人观点实际上已成为不可能。在雅思考试中也没有必要。但是，从新闻中、书籍上看来的东西，只要记住了，也属于自己的own knowledge or experience，可以在考试中使用。例如，电视上说目前70%的大学生找工作会选择网络投递简历。这一条新闻就可以成为自己的论据，至于70%是否准确，其实只要一个大概数字就可以了。

引用在雅思作文中要求没有那么严格，因为并不是学术论文，而且形式是闭卷，也就不可能出现学术剽窃。但是对于很明显的他人提出的观点，还是要求做引用文献，例如名人名言、模型定理、学术成果等等。引用的格式不需要太严格，结尾也不需要列出参考文献，只需要在文中提及作者名字（知道出版年份的可以注明出版年份）即可。

下面给出几种引用文献的格式，供大家选用。

1. White indicated that the IELTS exam is a test of candidate's integrative ability of using English.

2. As White pointed out, "the IELTS exam is a test of candidate's integrative ability of using English".

3. The IELTS exam is a test of candidate's integrative ability of using English (Ross. White, 2007).

4. The IELTS exam is a test of candidate's integrative ability of using English.

—— Ross. White

常识和众所周知的观点不需要引用文献，例如苹果熟了会由于地心引力掉在地上，不需要注明作者是牛顿。大家都使用的观点也不需要引用文献，雅思写作并不涉及过多的学术研究。比如污染环境的一个原因是汽车尾气，这就不需要引用，大家都知道。但是，例如北京大学的一项研究说50%的污染都是出于汽车尾气，这就有必要提一下according to a survey of Peijing University ...。范文和别人的观点可以拿来用，考生应该多看范文，借鉴他人的观点。但是切忌抄袭语言。例如全句全段背诵下来，挪用为自己的答卷，这也属于抄袭，会在评分栏中的"PENALTY"一项中扣除抄袭的字数并去除一定的分数（按50个单词扣除1.0分计算）。有些考生甚至全文抄袭，这是0分卷的最常见原因。好的句子和段落可以经过改写成为自己的东西，不可原封不动地挪用。

第二节

雅思作文的分段

和中文一样，英语的文章也要分段。英语的文章构成也是由词汇、句子、段落和篇章依次构成。雅思写作的分段在结构评分中占有非常重要的位置。文章结构是否清晰，框架是否合理，从段落布局就可以看出来。分段在雅思写作中非常重要。

英文中的每一个段落自始至终整体叫一个自然段，每一个自然段有自己要表达的相对其他段落独立的意思。在议论文中，也就是雅思写作的Task 2，一个分论点就成为一个自然段，或者几个支持统一论点的分论点组成一个自然段。

例如，文章的中心思想是论证环境污染的原因。在写作中，我们准备了三个分论点，第一个是燃料排放，例如汽车尾气污染；第二个是工业生产污染，例如污水排放；第三个是生态污染，例如过度伐木和捕杀动物。每一个分论点就可以划作一个单独的自然段。

雅思写作大作文的分段应当控制在4～6个自然段，太多或者太少都可能在结构上丢分。分3个自然段显得过少，文章结构太简单，或者说基本没有结构。分6个以上的自然段，对于300单词左右的短文章，则显得太过于零乱，没有组织，没有思想。除非写诗歌或散文。

第三节

雅思写作结构

本节作者将介绍雅思作文的写作结构。

在雅思作文的评分项目中，结构层次（CC）一项是最容易拿到分数的，也是最容易在短期内提高的。限于很多考生报考雅思考试的目的是留学和移民，大量的时间需要放在日常的学习和工作中，用于复习考试的时间非常有限。每一位考生都期望能够使写作在短时间内有一个比较大的飞跃。掌握雅思写作的结构，通过一个良好的文章框架，可以令雅思作文增色不少。对于雅思写作考试，将词汇语言（LR）或语法应用（GRA）从5.0分的水平提高到7.0分可能需要最少一年，甚至更长。但如果有指导地进行复习，并配合一定的练习，将主题论证（TR）提高2.0分只需要3～6个月；将结构提高到7.0分或7.0分以上，则只需要将本节的几种方法掌握，几天时间就足够了。

本节精选了几种雅思写作的结构模式，有些是比较常用的，有些是受到不少雅思教师推荐的，有些是作者长期研究总结的。这些结构模式都非常实用，考生务必要掌握至少三种，以备考试的时候直接应用。

在上一篇，作者介绍了雅思写作题目的三种类型。针对不同的题目类型，有特定的结构模型选用。考试时，完成审题后，将烂熟于心的结构模型对号入座即可。

在下面介绍的结构中，所用到的代码即为结构的缩略形象。其中，大写字母代表全文中心论点，小写字母代表分论点。X代表支持多个论点或没有指明具体偏向哪一个论点。如下所示：

A（或B）代表支持题目中提出的某一个论点；

a（或b）代表支持A（或B）中心论点的分论点；

-a 代表从反面论证或让步论证中心A的分论点；

I（issue）代表题目中的某一现象或事物；

R（reason）代表引起某现象可能的原因；

S（solution）代表对于某问题或现象可能的解决方案。

这样的抽象解释比较难以理解，下文介绍每一种结构都配有帮助理解的图示，使这些抽象的方法理解和掌握起来变得简单得多。

对于驳论类的雅思写作题目，可以选用以下几种论证结构。

☆ A a a a A 结构

A a a a A 结构适合写主题论点“一边倒”的议论文，即明确支持某一观点的论证。该结构一般分为五个自然段，第一个自然段引出中心主题，第二个自然段、第三个自然段和第四个自然段分别从不同的角度提出分论点支持主题，进行论证，最后一个自然段收笔点题。其结构如下页图示。

A a a a A 结构在雅思写作中是应用较为广泛的一种。优点是结构非常清晰，中心非常清楚，文章一气呵成，尤其适合议论短文。问题是使用这种结构需要足够的论点（也就是该结构中的a a a，一般为两到四个）对中心进行支持，适用于比较常见的话题和准备过的题目。对于不容易收集论点的陌生题目，该方法不是很容易达到字数要求，或者勉强攒出来的分论点可能显得薄弱无力，甚至偏题。

在实际使用中，各类结构也可以根据写作需要作灵活调整。A a a a A 结构也可以调整为A a a A 结构或者A a a a a A 结构。

使用A a a a A 结构的范文请参考“雅思写作范文篇”的范文12、13、17。

适用率：★★★★★　　难度：★★

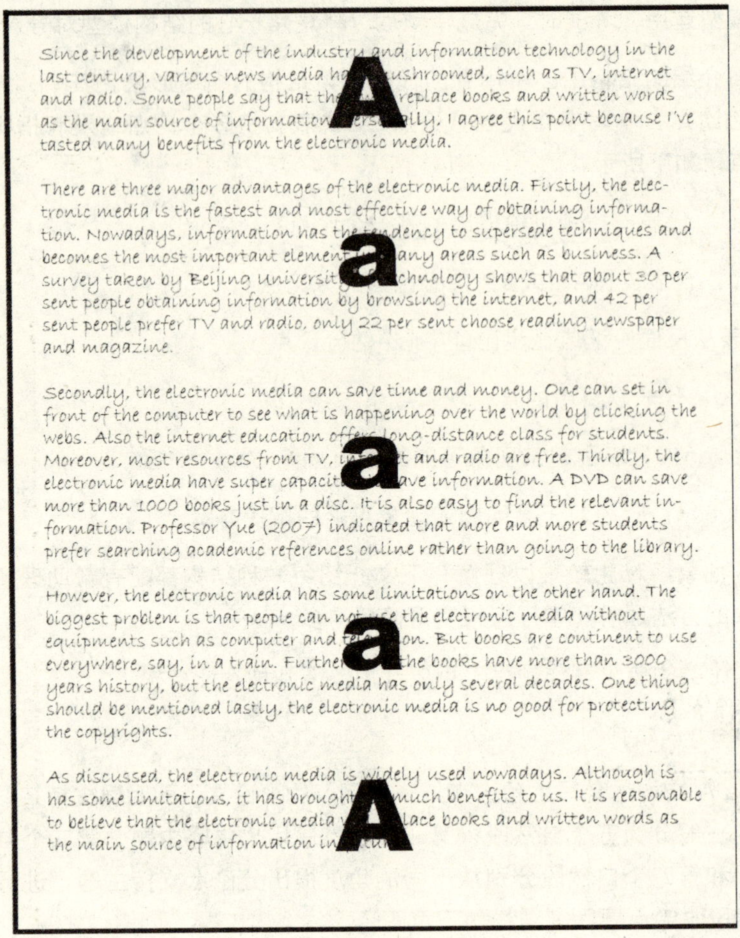

Since the development of the industry and information technology in the last century, various news media ha[illegible]ushroomed, such as TV, internet and radio. Some people say that the[illegible] replace books and written words as the main source of information [illegible]ersally. I agree this point because I've tasted many benefits from the electronic media.

There are three major advantages of the electronic media. Firstly, the electronic media is the fastest and most effective way of obtaining information. Nowadays, information has the tendency to supersede techniques and becomes the most important element [illegible]any areas such as business. A survey taken by Beijing Universit[illegible]chnology shows that about 30 per sent people obtaining information by browsing the internet, and 42 per sent people prefer TV and radio, only 22 per sent choose reading newspaper and magazine.

Secondly, the electronic media can save time and money. One can set in front of the computer to see what is happening over the world by clicking the webs. Also the internet education offers long-distance class for students. Moreover, most resources from TV, in[illegible]t and radio are free. Thirdly, the electronic media have super capacit[illegible]ave information. A DVD can save more than 1000 books just in a disc. It is also easy to find the relevant information. Professor Yue (2007) indicated that more and more students prefer searching academic references online rather than going to the library.

However, the electronic media has some limitations on the other hand. The biggest problem is that people can not use the electronic media without equipments such as computer and te[illegible]on. But books are continent to use everywhere, say, in a train. Further[illegible] the books have more than 3000 years history, but the electronic media has only several decades. One thing should be mentioned lastly, the electronic media is no good for protecting the copyrights.

As discussed, the electronic media is widely used nowadays. Although is has some limitations, it has brought [illegible] much benefits to us. It is reasonable to believe that the electronic media [illegible]lace books and written words as the main source of information in [illegible]

AaaaA结构

☆ XabX结构

XabX结构适合写主题论点“两边倒”的议论文，即两方面花同样笔墨进行论述，力求客观，不偏向任何一方的论述方法。该结构一般分为四个自然段，第一个自然段引出中心主题，第二个自然段论证论点a（其中可能包含两到四个分论点，但不再单独分自然段），第三个自然段论证论点b（同样可能包含两到四个分论点，但不再单独分自然段），最后一个自然段客观收尾。其结构如下页图所示。

XabX结构是典型的“两边倒”的写作方法。该方法最大的特点也就是“两边倒”主题模式的优点——论证客观，面面俱到。另外，从正反两方面收集论点比较容易，而且限于总字数，每一个分论点不需要太多笔墨进行论述，写作过程就变得相对容易。致命的缺陷是，掌握不好的话容易中心不明，使文章显得混乱而不是客观。

该结构同时也适于写作解释类的雅思作文题目。尤其是对于利弊讨论的解释类题目，该结构是第一选择。使用本结构的范文请参考“雅思写作范文篇”的范文14。

适用率：★★★　　　　难度：★★★★

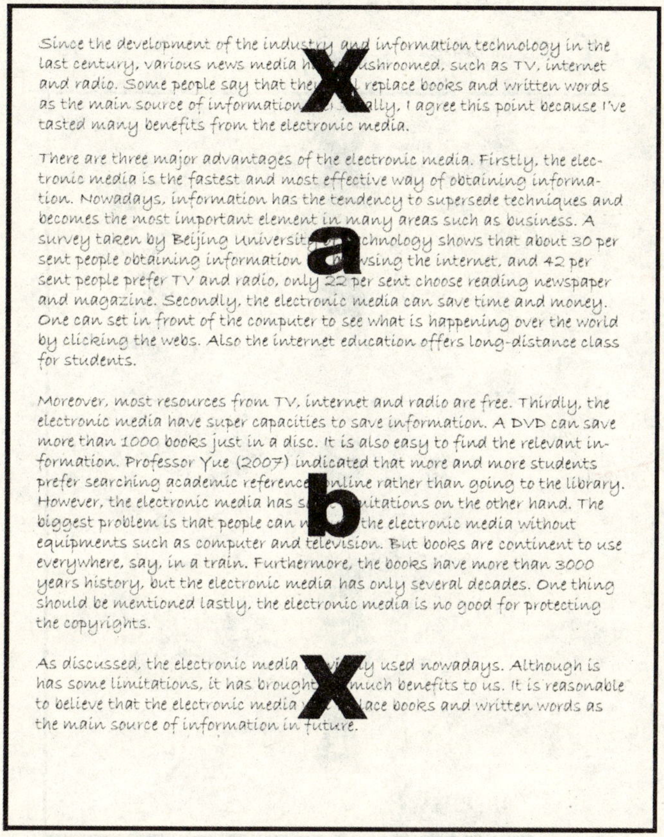

Since the development of the industry and information technology in the last century, various news media h[illegible]ushroomed, such as TV, internet and radio. Some people say that the[illegible] replace books and written words as the main source of information[illegible]ally, I agree this point because I've tasted many benefits from the electronic media.

There are three major advantages of the electronic media. Firstly, the electronic media is the fastest and most effective way of obtaining information. Nowadays, information has the tendency to supersede techniques and becomes the most important element in many areas such as business. A survey taken by Beijing Universit[illegible]chnology shows that about 30 per sent people obtaining information [illegible]wsing the internet, and 42 per sent people prefer TV and radio, only 22 per sent choose reading newspaper and magazine. Secondly, the electronic media can save time and money. One can set in front of the computer to see what is happening over the world by clicking the webs. Also the internet education offers long-distance class for students.

Moreover, most resources from TV, internet and radio are free. Thirdly, the electronic media have super capacities to save information. A DVD can save more than 1000 books just in a disc. It is also easy to find the relevant information. Professor Yue (2007) indicated that more and more students prefer searching academic reference[illegible]online rather than going to the library. However, the electronic media has s[illegible]itations on the other hand. The biggest problem is that people can n[illegible] the electronic media without equipments such as computer and television. But books are continent to use everywhere, say, in a train. Furthermore, the books have more than 3000 years history, but the electronic media has only several decades. One thing should be mentioned lastly, the electronic media is no good for protecting the copyrights.

As discussed, the electronic media [illegible]y used nowadays. Although is has some limitations, it has brought[illegible]much benefits to us. It is reasonable to believe that the electronic media [illegible]lace books and written words as the main source of information in future.

XabX 结构

☆ XaabA结构

XaabA结构适合写主题论点“偏一侧”的议论文，即花多一些的笔墨有偏向性地进行论证，同时从另一方面作让步补充。该结构一般分为四到五个自然段，第一个自然段引出中心主题，第二个自然段和第三个自然段论证论点a，第四个自然段论证论点b，最后一个自然段点题收尾。其结构如下页图所示。该结构亦可为XabA，其中对a的论证应多花笔墨，并且分为若干个分论点。

X a a b A 结构的优点是既突出主题，又客观科学，而且论点易于收集。缺陷是如果中心不够突出，或者对b的论证过于抢眼，则可能混淆于X a b X 结构，变成“两边倒”。

X a a b A 结构可根据实际写作需要变为X a a a b A 结构，即第一个论证段花费多一些的笔墨论证支持A观点，第二个论证段花费少一些的笔墨论证支持B（A的对立主题）观点。或直接变为X a a a b A也可以。

适用率：★★★★　　　难度：★★★

X

Since the development of the industry and information technology in the last century, various news media have mushroomed, such as TV, internet and radio. Some people say that they will replace books and written words as the main source of information universally. I agree this point because I've tasted many benefits from the electronic media.

a

There are three major advantages of the electronic media. Firstly, the electronic media is the fastest and most effective way of obtaining information. Nowadays, information has the tendency to supersede techniques and becomes the most important element in many areas such as business. A survey taken by Beijing University of Technology shows that about 30 per sent people obtaining information by browsing the internet, and 42 per sent people prefer TV and radio, only 22 per sent choose reading newspaper and magazine.

a

Secondly, the electronic media can save time and money. One can set in front of the computer to see what is happening over the world by clicking the webs. Also the internet education offers long-distance class for students. Moreover, most resources from TV, internet and radio are free. Thirdly, the electronic media have super capacity to save information. A DVD can save more than 1000 books just in a disc. It is also easy to find the relevant information. Professor Yue (2007) indicated that more and more students prefer searching academic references online rather than going to the library.

b

However, the electronic media has some limitations on the other hand. The biggest problem is that people can not use the electronic media without equipments such as computer and television. But books are continent to use everywhere, say, in a train. Furthermore, the books have more than 3000 years history, but the electronic media has only several decades. One thing should be mentioned lastly, the electronic media is no good for protecting the copyrights.

A

As discussed, the electronic media is widely used nowadays. Although is has some limitations, it has brought so much benefits to us. It is reasonable to believe that the electronic media will replace books and written words as the main source of information in future.

X a a b A结构

☆ A a a b A结构

A a a b A 结构属于适用于主题中心“偏一侧”的结构。该结构在开头明确指出中心，并且围绕中心展开论证，列出两三个分论点，最后结尾点题。其中含有一个让步段，从对立的观点出发进行让步论证。

A a a b A 结构适用于讨论两个相互对立的话题，例如是书籍好还是电视好。而当讨论对象仅为一个的时候，例如是否同意书籍会被历史所淘汰的说法，这时候就可以采用 A a a -a A 的结构，把对b的支持转为从反面论述 a 的缺点或不足，达到同样的让步目的。

A a a b A 结构和 A a a -a A 结构方法的优点是中心明确，而让步段又使文章圆滑客观；缺点是让步段如果论证的过于有力，则会喧宾夺主，混淆中心。其结构如下图所示。

使用本结构的范文请参考“雅思写作范文篇”的范文15。

适用率：★★★★★　　难度：★★★

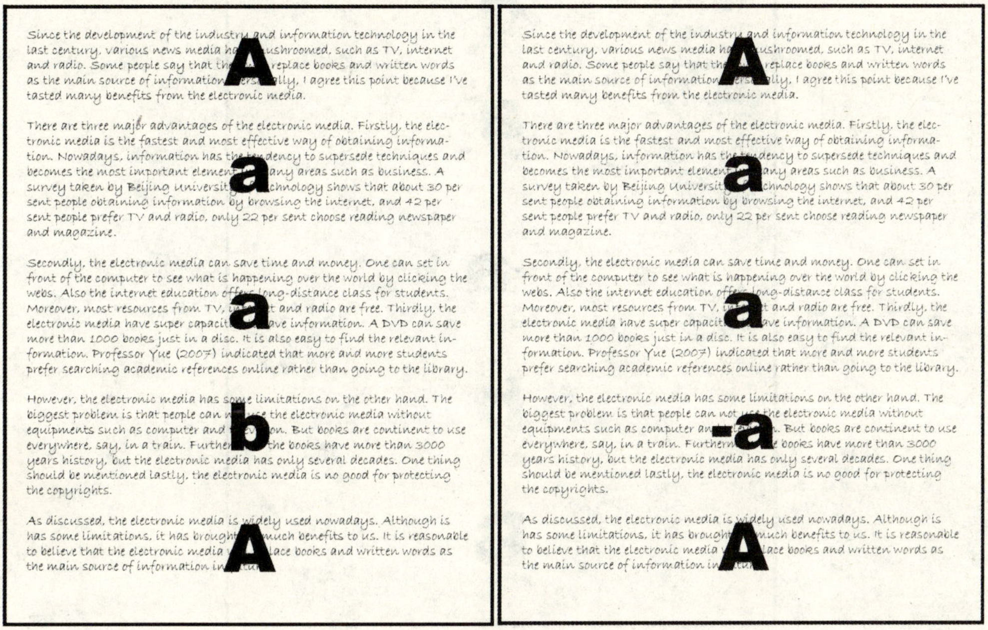

A a a b A 结构和 A a a -a A 结构

☆ X a -a b B 结构

X a -a b B 结构是一个比较特殊的结构，该结构在雅思考试中使用得比较少，但是逻辑非常合理，也非常具有可读性。文章的主题被巧妙的隐藏在了结构之下，必须通读全文才能寻找到文章的主题。该结构一般分为五个自然段，第一自然段陈述现象与问题，但是不指明中心，仅打下伏笔。第二自然段从正面论证支持A的分论点。第三自然段客观地提出A的缺陷和不足。第四自然段笔锋一转，从正面论证B论点，并且指出B的优点正好能够弥补A的缺陷和不足。第五自然段点题收尾，并明确指出中心B。其结构如下页图所示。

X a -a b B 结构的优点是令人耳目一新，而且论证峰回路转，却又非常合乎逻辑性，并且客观到位。如果运用得当，会显得文风严谨，滴水不漏，而且给人灵活多变、高人一畴的印象。其缺陷是只适用于文笔优秀的考生，如果对自身的词汇和语法信心不大，则不能使用此方法。因为如果陈述不清则会导致全文观点混乱，使阅读者根本不知道作者支持哪一方。因此，该结构仅供文笔比较优秀（词汇和语法都能够达到6.0分水平以上）的考生选用。

适用率：★★　　　　难度：★★★★★

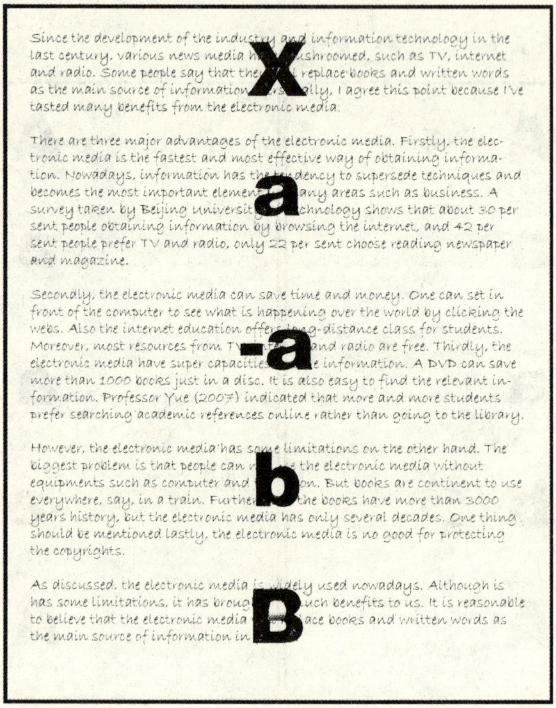

Since the development of the industry and information technology in the last century, various news media h[illegible]ushroomed, such as TV, internet and radio. Some people say that the[illegible] replace books and written words as the main source of information[illegible]ally, I agree this point because I've tasted many benefits from the electronic media.

There are three major advantages of the electronic media. Firstly, the electronic media is the fastest and most effective way of obtaining information. Nowadays, information has the [illegible]dency to supersede techniques and becomes the most important elemen[illegible]any areas such as business. A survey taken by Beijing Universit[illegible]chnology shows that about 30 per sent people obtaining information by browsing the internet, and 42 per sent people prefer TV and radio, only 22 per sent choose reading newspaper and magazine.

Secondly, the electronic media can save time and money. One can set in front of the computer to see what is happening over the world by clicking the webs. Also the internet education offer[illegible]g-distance class for students. Moreover, most resources from T[illegible]and radio are free. Thirdly, the electronic media have super capacitie[illegible]e information. A DVD can save more than 1000 books just in a disc. It is also easy to find the relevant information. Professor Yue (2007) indicated that more and more students prefer searching academic references online rather than going to the library.

However, the electronic media has some limitations on the other hand. The biggest problem is that people can [illegible] the electronic media without equipments such as computer and [illegible]on. But books are continent to use everywhere, say, in a train. Furthe[illegible] the books have more than 3000 years history, but the electronic media has only several decades. One thing should be mentioned lastly, the electronic media is no good for protecting the copyrights.

As discussed, the electronic media i[illegible]dely used nowadays. Although is has some limitations, it has broug[illegible]uch benefits to us. It is reasonable to believe that the electronic media [illegible]ace books and written words as the main source of information in[illegible]

X a -a b B 结构

☆ X a b c C 结构

X a b c C 结构事实上是从 X a a b A 结构中衍生出来的一种结构。前者针对命题中提及多种论点的题目，而后者针对命题中仅提到两种对立论点的题目。X a b c C 结构是一种“选择性结构”，典型适用的题目类型是“(State the issue), there are many ways to solve the problem, …(state several solutions), which one is the best?”举一道真题作为例子。

Higher education should be funded in several ways:

- all costs by the government;

• all costs by the student;

• government loan and student repaid after graduate.

Discuss the benefit of each way and which one do you think is the best.（2007年A类真题）

X a b c C 结构一般分为五个自然段。首段陈述问题，引出下文。第二、三、四自然段分别对每一个分论点进行论证，并且在被确定为所支持的某一个分论点上花相对多的笔墨，即中心论点。最后一个自然段点出中心，并简要陈述理由。X a b c C 结构也可为 X a b c A，或者 X a b c B，就看作者要把其中哪一个分论点当作中心。一般来讲，X a b c C 结构比较顺理成章，而且给人的印象比较深，容易突出主题。其结构如下图所示。

X a b c C 结构属于一种客观方案讨论并且选优的形式，是一种非常科学严谨的结构，主题比较突出，而且面面俱到。缺点是要讨论的分论点太多、太零碎，每一点不容易深入，也没有足够的时间进行大笔墨探讨。因此，考生朋友在运用 X a b c C 结构时一定要在不支持的分论点上少花笔费，多花一些时间在支持的分论点上，这样会使文章较有深度，而且主题鲜明。

适用率：★★★　　　难度：★★★

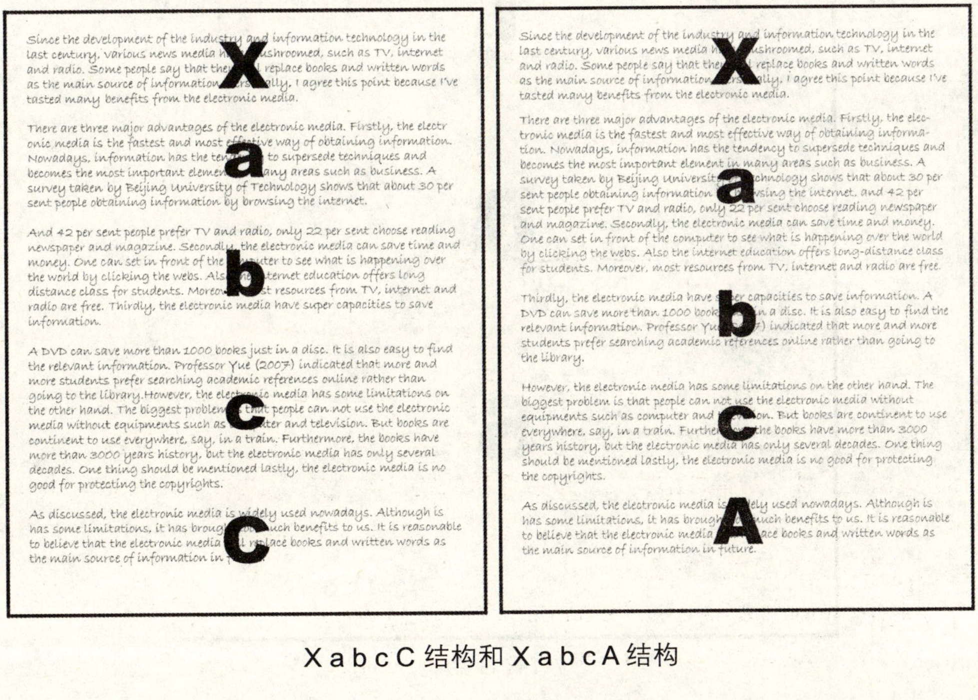

X a b c C 结构和 X a b c A 结构

以上几种结构适合应对驳论类的雅思写作题目。对于解释类的雅思写作题目，上述的 XabX 结构就非常适用于进行利弊讨论，而对于原因讨论，则可以使用 AIRS 结构。

☆ AIRS 结构

AIRS 结构不同于以上驳论类的几种写作结构，是专门为原因讨论的解释类雅思写作题目设计的。该结构每一个自然段都有独立的中心和需要解决的问题，而整体又有一个抽象的中心主题，就是对某事物的表现、原因和解决方案等问题的探讨。AIRS 结构一般分为四个自然段，每一个自然段相对独立，又需要相互衔接。第一个自然段陈述主题，第二个自然段陈述现象和问题，第三个自然段陈述可能的原因，第四个自然段陈述解决方案，也可加入结尾自然段。如果题目强调问题和原因则应着重写作 I 和 R 部分；如果题目强调解决方案，则花在 S 部分的笔墨应当多一些，考生可以自由控制。其结构如下图所示。

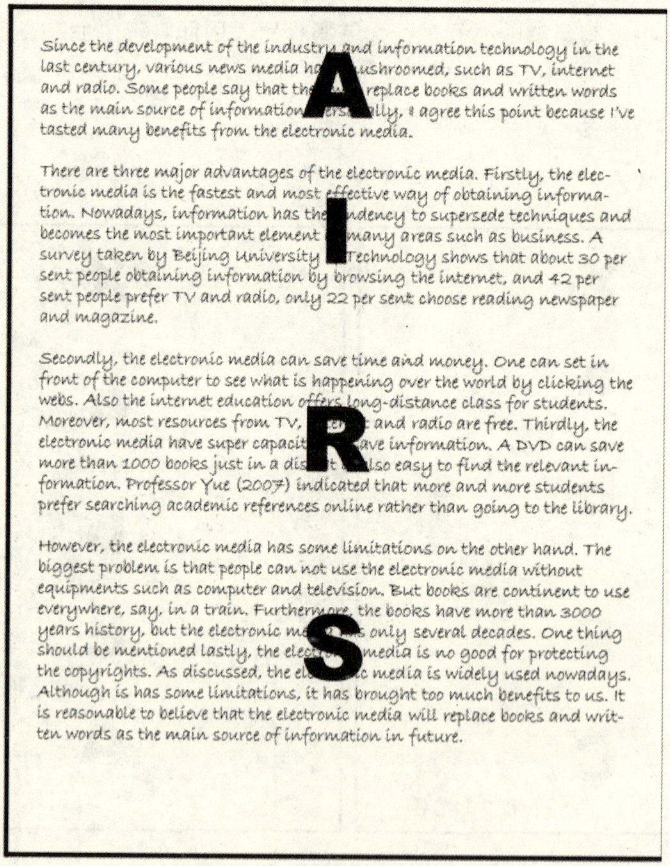

Since the development of the industry and information technology in the last century, various news media have mushroomed, such as TV, internet and radio. Some people say that they will replace books and written words as the main source of information. Personally, I agree this point because I've tasted many benefits from the electronic media.

There are three major advantages of the electronic media. Firstly, the electronic media is the fastest and most effective way of obtaining information. Nowadays, information has the tendency to supersede techniques and becomes the most important element in many areas such as business. A survey taken by Beijing University of Technology shows that about 30 per sent people obtaining information by browsing the internet, and 42 per sent people prefer TV and radio, only 22 per sent choose reading newspaper and magazine.

Secondly, the electronic media can save time and money. One can set in front of the computer to see what is happening over the world by clicking the webs. Also the internet education offers long-distance class for students. Moreover, most resources from TV, internet and radio are free. Thirdly, the electronic media have super capacity to save information. A DVD can save more than 1000 books just in a disc. It is also easy to find the relevant information. Professor Yue (2007) indicated that more and more students prefer searching academic references online rather than going to the library.

However, the electronic media has some limitations on the other hand. The biggest problem is that people can not use the electronic media without equipments such as computer and television. But books are continent to use everywhere, say, in a train. Furthermore, the books have more than 3000 years history, but the electronic media has only several decades. One thing should be mentioned lastly, the electronic media is no good for protecting the copyrights. As discussed, the electronic media is widely used nowadays. Although is has some limitations, it has brought too much benefits to us. It is reasonable to believe that the electronic media will replace books and written words as the main source of information in future.

AIRS 结构

使用本结构的范文请参考“雅思写作范文篇”的范文16。

适用率：★★★★　　　难度：★★

☆ A&S 结构

A&S 结构是专门为驳论加解释类的雅思写作题目设计的一种结构。这种结构可以讨论问题并且给出原因或解决方案，需要根据题目的要求进行灵活的变化。A&S 结构包括Aarrr，AarrS，Aasss，AaSA和AaaaS结构，以及其他衍生结构，分别适用于讨论加解释原因和讨论加给出解决方案的议论文。A&S 结构的分段需要灵活掌握，随机应变。第一个自然段陈述问题，并且明确指出支持哪一方，表明中心。第二自然段陈述支持该中心的理由，可以由若干个分论点组成。第三个自然段则根据题目的要求，陈述问题的原因，或者是解决方案，可以用一个或者多个自然段。最后可以根据需要决定是否单独写一个收尾段，点明中心。A&S 结构如下图所示。

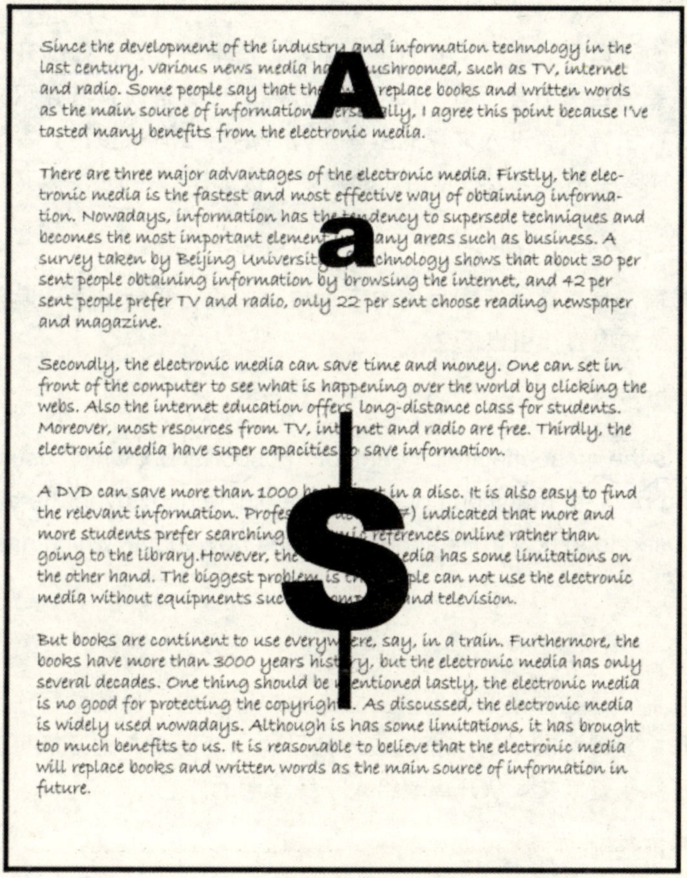

Since the development of the industry and information technology in the last century, various news media h[illegible]ushroomed, such as TV, internet and radio. Some people say that th[illegible] replace books and written words as the main source of information[illegible]ally, I agree this point because I've tasted many benefits from the electronic media.

There are three major advantages of the electronic media. Firstly, the electronic media is the fastest and most effective way of obtaining information. Nowadays, information has th[illegible]dency to supersede techniques and becomes the most important elemen[illegible]any areas such as business. A survey taken by Beijing Universit[illegible]chnology shows that about 30 per sent people obtaining information by browsing the internet, and 42 per sent people prefer TV and radio, only 22 per sent choose reading newspaper and magazine.

Secondly, the electronic media can save time and money. One can set in front of the computer to see what is happening over the world by clicking the webs. Also the internet education offers long-distance class for students. Moreover, most resources from TV, int[illegible]net and radio are free. Thirdly, the electronic media have super capacities [illegible]o save information.

A DVD can save more than 1000 [illegible] in a disc. It is also easy to find the relevant information. Profes[illegible]) indicated that more and more students prefer searching [illegible] references online rather than going to the library.However, the [illegible]edia has some limitations on the other hand. The biggest prob[illegible]ple can not use the electronic media without equipments suc[illegible]nd television.

But books are continent to use everyw[illegible]ere, say, in a train. Furthermore, the books have more than 3000 years hist[illegible]y, but the electronic media has only several decades. One thing should be [illegible]entioned lastly, the electronic media is no good for protecting the copyrigh[illegible]. As discussed, the electronic media is widely used nowadays. Although is has some limitations, it has brought too much benefits to us. It is reasonable to believe that the electronic media will replace books and written words as the main source of information in future.

A&S 结构

适用率：★★★★　　　难度：★★★

以上几种方法基本可以应付所有类型的雅思写作题目，也有一些其他的结构可以通过考生根据自己的需要去挖掘。但是，对于每一种题目类型，应掌握至少一种基本方式，并通过练习，将它们熟练地掌握。

第四节

雅思写作的开篇

通常情况下，一篇标准雅思大作文包括开篇部分（Introduction），主体部分（Body）以及结尾部分（Conclusion）。上一节的内容主要是针对主体部分的写作技巧，本节和下一节将介绍雅思写作的开篇和结尾部分的写作方法。

雅思作文的开篇是文章给读者的第一印象。俗话讲得好，好的开始是成功的一半，开篇的重要性自然不言而喻。雅思写作开篇的任务是向读者介绍文章的写作目的和大致内容，引导读者进入文章的主体。开篇的方法有很多种，本节介绍几种开篇的常用方法，考生朋友可以根据自己的需要进行选择，并通过练习熟练掌握。

☆ 介绍型开篇

介绍型开篇，是在首段将题目的内容用自己的语言重新复述一遍，或介绍性地陈述文章要讨论的内容，引出下文。

介绍型开篇范例：

Airplane is the most effective means of transportation, which usually employed in transporting people, munitions or urgent medicine. However, the air transport is increasingly used to export fruits and vegetables nowadays, which has raised a big controversy.

☆ 中心型开篇

中心型开篇，是在首段明确地摆出文章的中心思想，也就是写作目的。这种开篇在雅思写作中是最为实用的，也是最为常见的。使用中心型开篇可以使文章的中心主题一目了然，整篇文章从开篇就给人干练简明的感觉。

中心型开篇范例：

McDonald s, KFC, and Burger King: these international fast foods are full of our daily lives. Unconsciously, many traditional foods have been replaced by fast foods. What a huge disaster it is!

☆ 引题型开篇

引题型开篇，就是将题目中提及的问题或观点进行陈述，然后旗帜鲜明地表明自己的态度。例如题目中两种对立的观点，甲方说如何如何，乙方说如何如何，都要在开篇予以陈述，然后明确地表示自己支持哪一方。

引题型开篇范例：

Since the development of information technology in the last century, various news media have mushroomed, such as TV, Internet and radio. Some people say that they will replace books and written words as the main source of information. Personally, I agree this point because I ve tasted many benefits from the electronic media.

☆ 转折型开篇

转折型开篇，就是在首段首先陈述一种观点，然后推翻这种观点，摆出另一个对立的观点，并对其进行支持论证。转折型开篇非常适用驳论类雅思写作题目。这种方法可以在开头就把两个相互矛盾的观点都摆出来，然后表明自己所支持的一方。转折型开篇也属于明确中心型的，但是加了一个转折，使文章显得富有波折。

转折型开篇范例：

College and university students often complain that they are placed under massive pressure to study hard and achieve high examination results. As more students get university degrees, competition becomes fierce, resulting in the need for students to distinguish themselves with continually higher marks. However, I feel that this development causes unnecessary stress and grief.

☆ 提纲型开篇

提纲型开篇，就是在开篇明确地指出文章的大体结构与内容。就像一个简明的提纲或目录，指出了文章先要说什么，然后说什么，最后说什么。目录型开篇尤其适合解释类的雅思写作题目。使用这种方法开篇，可以使文章的框架一清二楚，实际上也就是明确了文章的写作目的。这种方法的结构性强，使用起来也简单，在考试中非常值得考虑使用。

目录型开篇范例：

Cars bring many benefits into our daily lives, however, more and more problems have been welled up while we enjoying the convenience of cars. This essay is going to discuss issues all about cars. Firstly, the problems raised by cars will be introduced. Secondly, the reasons of those problems will be discussed. Then it comes to possible solutions.

☆ 提问型开篇

提问型开篇，就是在开篇设下问题，这个问题就是作者要用全文来回答的内容。提问型开篇实际上也是在开篇就交待了文章的中心，告诉读者文章的写作目的。以问题的方式开篇，可以吸引读者的好奇心，便于继续阅读下文。

提问型开篇范例：

As little as thirty years ago, the notion of teenagers committing crimes such as vandalism, robbery and murder seemed almost unthinkable. Societies around that period enjoyed greater security. In modern society, however, it has become increasingly common for teenagers to be involved in serious crimes. The question is why?

第五节

雅思写作的结尾

在上一节介绍了雅思写作的开篇方法，本节将介绍雅思写作的结尾。结尾是整篇文章给读者留下的最后印象，是考官为文章评分前所阅读的最后内容，也是至关重要的。一个好的结尾能够令读者对文章回味无穷。那么，雅思作文的结尾都有哪些写法呢？本节介绍几种实用的结尾方法，供考生朋友根据自己的需要选择。

☆ 点睛式结尾

点睛式收尾，就是在结尾处再次强调文章的中心思想，画龙点睛。这种方法能让文章的论证显得更加有力，中心更加突出。

点睛式结尾范例：

Considering these points, I feel that students should be spared this type of treatment. Although we live in a competitive world, we should not push students to breaking point, as this is simply does not lead to a better or happier student.

☆ 展望式结尾

展望式结尾，就是通过对文章所讨论问题或现象的发展趋势作出展望，期待在未来有一个怎样的变化或者结果。这种结尾非常符合逻辑，也蕴藏着一定的深度。

展望式结尾范例：

Hoping it is not too late to take actions to against the aggression of the international fast foods. It is a food war, a culture war, for our lives, for our children, for our decreasing delicious foods, for our future world.

☆ 概括式结尾

概括式结尾，就是在结尾简要地总结全文的内容和主要观点。也就是按照文章写作的顺序复述文章先说了什么，然后说了什么，最后说了什么。这种方法能够让文章的框架再次清晰地呈现，提醒读者文章的内容和主题。

概括式结尾范例：

As discussed above in this essay, cars cause many problems including pollution, traffic jam, shortage of resources, etc. To solve these problems, we could encourage people to use bicycles and public transportations such as bus and tube. Or we can set a higher tax rate to decrease the running cars.

☆ 让步式结尾

让步式结尾，就是在结尾的时候做一个让步的陈述。一般使用转折的方法，强调尽管这一现象存在某些问题，但总的来说还是可以接受的。这种方法可以使结尾显得委婉，同时也表达了作者的观点。

让步式结尾范例：

As discussed, the electronic media is widely used nowadays. Although it has some limitations, it has brought too many benefits to us. It is reasonable to believe that the electronic media will replace books and written words as the main source of information in future.

☆ 客观式结尾

客观式结尾，就是不指明作者支持哪一方观点，在结尾仍然保持客观的态度，陈述事物的利弊。这种方法一般用于配合客观利弊法使用，能够使文章显得科学、客观。

客观式结尾范例：

To conclude, air transport fruits and vegetables bring some benefits as well as problems. Critically speaking, if we can solve the pollution problem of airplane transport, it is a very good service.

本篇结语

通过本篇的学习，考生应该熟悉了雅思作文写作要求的一些规定与细节，认识了雅思写作的分段，掌握了雅思写作的结构，了解了雅思写作开篇和结尾的写法。

本篇的重点是雅思写作的结构。考生需要先完成雅思写作题目的审题，确定写作的中心思想，然后根据中心选择适合的写作结构。一般地，作文中心明确、结构清晰，雅思写作就实现了一半的成功。高质量的中心和结构是保证雅思大作文在6.0分以上的基础。剩下的工作，就需要在词汇和语法上下功夫了。在接下来的几个篇章，作者将向您具体介绍每一段的写法，以及句型和词汇的用法和窍门。

第四篇
雅思写作论点篇

本篇作者将向您介绍雅思写作Task 2 拟定论点的方法和每一段的写作方法。重点强调如何确定论点，如何展开每段。

在审题及确定了全文的写作结构之后，就要开始每一段的具体写作了。每一段具体如何写，写什么，怎样紧扣主题，是雅思写作成败的又一个至关重要的因素。雅思写作找不到论点，往往是考生最最头疼、最最恼火的问题，也是考生提前准备作文的最主要原因。在学习本篇的内容之前，您可以看看您在写作时是否存在着以下几个问题：

☆ 在审题之后，找不到有价值的论点，限于时间只能草草拼凑几个论点下笔。

☆ 在寻找分论点的时候，往往找不到具有说服力而且非常切题的观点，常常只能找到一些与主题擦边的，甚至是偏题的论点。

☆ 找到了可行的分论点，但是不知道该写什么，找不到有价值的内容和例子，只能泛泛而谈，把话颠来倒去地说，论点显得空虚无力。

☆ 不知道如何布置每一段的结构，不知道先写什么后写什么，不知道每一段需要包括什么。在段落写作的时候更像是在凑字数。

☆ 仅找到一个比较可行的论点，找不到更多合适的、有价值的论点，于是东拼西凑。最后只能期待在一个论点上多拿些分，其他的论点则得过且过。

☆ 几个分论点前后不对称，相互矛盾或者相互没有什么联系，不能达成支持统一中心的目的，文章不能自圆其说。

如果存在以上问题中的一个或者几个，那么您在写作论点上可能存在着漏洞。本篇将帮助您一一解决这些问题。

在上一篇，我们学习了雅思作文的分段。每一个自然段都是文章重要的组成部分，但同时也是一个相对独立的分支，需要有自己的分论点，需要有自己的结构。本篇将详细介绍几种实用的论证段落的写作方法。在介绍论证段写法的同时，也将介绍如何在极短的时间内寻找有效的论点，以支持文章的中心主题，而且有足够的内容去充实文章。

第一节

论证段落的写作模式

雅思写作时根据题目的需要以及考生选择的不同的写作结构，每一个段落的结构也会有区别。论证部分的段落一般分为两大类。第一大类是一段仅论述一个分论点，也就是每一段有自己的核心观点，整个段落的写作和论证都是围绕该观点展开的，而该观点则是对全文主题中心的一个有力支持。文章由若干个段落组成，也就是有若干个分论点支持文章的中心思想。第二大类是一段论述若干个分论点，每一个段落有一个主题方向（例如某种政策的优点，或者某种现象的原因等），段落中包含的若干分论点都对该主题予以支持。

本节将介绍几种常用的论证段落的写作模式，这些模式能够帮助您在确定了中心之后迅速地展开论证段落的写作，并且快速寻找有价值的观点。考生应熟练掌握，并加以练习，在写作考试中就可以变得游刃有余了。

首先，介绍几种实用的、每段一个分论点的段落写作模式。

☆ 单刀直入式

单刀直入式是最常用，同时也是最简单的一种段落写作模式。该模式的基本结构是，段首句直接明确地指明该段落的分论点，从正面论述所支持的论点，或者从反面攻击对立的论点。然后接下来的句子按照需要合理分配，分别用讨论、举例等方法进行论证。

单刀直入式的基本结构是：

第1句	直接鲜明地指出段落的分论点；
第2句	对分论点进行解释；
第3～4句	对分论点进行论证（从正面支持，或从反面驳斥）
第5～6句	运用讨论、举例等方法进一步论证。

单刀直入式对于雅思写作是最实用的一种段落写作结构。实际上，在学术的和日常的英语文章写作中，这种手法也都是最为常见的。在雅思的阅读考试中，一般

的习惯是首先阅读每一段的第一句或者第二句话以获取该段落的主题，因为大多数阅读文章采取的写作手法正是单刀直入式。这种方法能使读者在读一个自然段的起始就明确地了解该段落的中心思想，能够突出主题，使段落结构清晰。因此，作者非常推荐这种方法，也请考生熟练掌握这种方法。一般来说，通过十个段落的写作练习，即可基本掌握这种方法。

单刀直入式段落范例：

The mushroomed fast foods have very negative effects on societies. Since hundred years ago, the traditional foods have become one of the most important symbols of a culture. As we mentioning some countries, we can associate them with their famous foods, Peking duck of China, Sashimi of Japan, and Rome Pizza of Italy. But the international fast foods are occupying every corner of the whole world nowadays. In the near future, we can tell that all cultures will have a same famous food -- McDonald s. Such a normal kind of food is actually a culture aggression of most countries.

适用率：★★★★★　观点搜集难度：★★★

☆ 深入浅出式

深入浅出式与单刀直入式是两种完全相反的段落写作手法，它是一种典型的循序渐进式的写法。该模式的基本结构是：段首句引入话题，但不表明观点；通过接下来的一步一步论证，渐渐地让段落的主题浮出水面；在段落的结尾处，指明该段落的中心，即分论点。

深入浅出式的基本结构是：

第1句	引入话题，但不表明观点；
第2～3句	开始从某个角度分析话题；
第4～5句	运用讨论、举例等方法对分论点进行论证；
第6句	点明段落主题，即分论点。

深入浅出式段落范例：

The fast food has a dramatic name: junk food . It has been proved many times that the fast foods have negative effects on people s health. As we all know that people need balance nutrition for every daily life, including vitamin, protein, and energy. Most traditional foods contain all kinds of those elements. But the fast foods contain too much fat and sugar. For health, people should eat less fast food.

适用率：★★　　　　观点搜集难度：★★★

☆ 面面俱到式

面面俱到式是一种在雅思段落写作中普遍应用的写作模式，该模式非常简单，只需要在段首明确地指出该段落的主题论点，然后在接下来的部分使用并列结构列出支持该论点的论据，从多个角度对分论点进行论证。一般使用"firstly"，"secondly"、"thirdly"或其他连词连接各个论据。面面俱到式不但可以突出主题，而且会使论证显得饱满充实，平行结构也会让段落结构显得非常清晰。

面面俱到式的基本结构是：

第1句	引入话题，表明该段落的主题论点；
第2句	Firstly，支持分论点的理由一；
第3句	Secondly，支持分论点的理由二；
第4句	Thirdly，支持分论点的理由三；
第5句	Finally，支持分论点的理由四；
第6句	（可有可无）简要概括总结本段内容。

面面俱到式段落范例：

Some people claim that transporting fruits and vegetables by airplane is not justified. Firstly, it is a great waste of money and resource. Compared to other ways, the price of air-express is much more expensive. For example, local apple only costs about 5 yuan (in RMB) per kg, and marine import apple costs 9 yuan, but the air-express import apple costs 35 yuan, which is seven times as much as the local product. Secondly, air transport is the biggest environment killer. According to a survey, the plane air pollution is at least three times as the vehicle. With the increase of greenhouse effect, shouldn t we improve our environment protection concept? Moreover, are those import foods so indispensable? In fact, all kinds of fruits and vegetables are made up of vitamins and sugar. The only differences are tastes and shapes.

适用率：★★★★★　观点搜集难度：★★

☆ 逐一列举式

前边介绍的几种段落写作模式适合每段一个分论点的写作结构，而逐一列举式适合每一段包含多个分论点的段落写作。

逐一列举式的基本结构是：

第1句	引入话题，简单概括本段写作主题内容；
第2～3句	原因一（或优势一）+ 具体论据；
第4～5句	原因二（或优势二）+ 具体论据；
第6～7句	原因三（或优势三）+ 具体论据；
第8句	（可有可无）象征性总结段落。

逐一列举式段落范例：

Cars bring many benefits into our daily lives. However, more and more problems have been welled up while we enjoying the convenience of cars. Nowadays it is a widely recognized fact that car problems have become one of the most serious issues. Firstly, the traffic jam caused by the increasing number of cars is a nightmare for all drivers. According to a survey, Beijing citizens spend averagely about 65 minutes on road everyday. Billions of dollars are being wasted on the road in many big cities all over the world, such as London, New York, Paris, Beijing and Tokyo, but we could do nothing to change it till now. Secondly, car pollution is the No.1 killer of the environment. Actually, cars are the biggest moving factory of making CO_2 and SO_2, which cause the greenhouse effect. An academic report indicated that if we do not prevent the greenhouse effect, the defrosting of icebergs in 70 years would flood 40 per cent land. Thirdly, car is the most dangerous mean of transportation compared with plane, train, ship and bicycle, etc. Moreover, using cars will consume huge amount nonrenewable resources. What can we do after exhausting all the resources?

适用率：★★★★　　观点搜集难度：★★

考生朋友在写作的过程中，可以全文都使用一种方法，使主题结构更加清晰明确，也可以几种方法配合使用，使文章写作手法富于变化。

第二节

寻找观点的方法

实际上，雅思写作最困难的地方往往不在于语言，而是如何在有限的时间内理解题目，并且写出一篇切题而且中心明确的议论文。而在写作议论文中的最大问题就是如何在短时间内搜索有价值的观点。这些观点包括，每一段的分论点，支持每一个分论点的例证，解释每一个分论点的内容，等等。这些也就是我们写作的素材。对于事先思考过的问题，多数考生可以迅速找到这些写作素材。但是，雅思写作的题目容纳了社会类、教育类、文化类等众多领域，各领域的题目也是花样百出。对于一些陌生的题目，例如“妇女是否应该参军”，“警察是否应该携枪”，“暴力卡通教坏儿童”，“是否应当用飞机运输农产品”，“大学生应注重学术还是技术”，“在家办公的利弊”等等的题目，一些是热门话题，一些就相对冷门，还有少数根本就是匪夷所思。面对如此多样化的问题，考生不可能一一准备，只能从各个类别和常考的题目中选出一些进行练习，而准备不到的，就需要在考场临时发挥了。

那么，如何在短时间内构思出有价值的思路和观点呢？这就是本节要解决的问题。

☆ 宏观微观法

宏观微观法是一种比较简单而且实用的论点寻找方法。由于大部分雅思写作的话题都是关于福利、生活、安全、教育等社会性的话题，我们就可以沿着“社会”这条线索寻找有价值的观点。方法非常简单，所有的社会问题一定牵扯到宏观方面和微观方面，那么我们把这两个方面无限放大和缩小，最为宏观的主体就是社会，而最为微观的主体就是人。每一个问题都可以从宏观和微观的角度进行剖析，而这两个角度就是两个天然的论点，不但有价值，而且有深度。

适用率：★★★★　　观点搜集难度：★★

我们举几个真题的例子来说明。

2.1 Some people believe that some unpaid community service should be a compulsory part of high school programs (e.g. working in a charity, improving the relationship of neighborhood or teaching sports to children).（2007年A类真题）

该题可运用宏观微观法寻找论点。我们将中心论点定为：高中生应该进行社会实践。宏观上看，高中生的社会实践活动对社会是有好处的，一来社会上有很多需要帮助的人们(people who need help)，二来社会也需要多一些爱心(the world needs more love)。微观上看，参加一定的社会实践对高中生也有很多好处，一来可以培养一些社会经验(practical experiences)，二来可以培养孩子们的社会责任感(social responsibility)。

2.2 In some countries, people of all ages are doing more amounts of sport and exercise. What are the benefits? Are there any backwards? （2006年G类真题）

本题要求叙述优缺点，所以需要两方面都顾及到，该题可运用宏观微观法寻找论点。宏观上看，也就是对于社会来说，优点在于：体育锻炼加强了各年龄段人群的身体素质，为社会节省了一大笔医药开销(save a huge amount of medical care system spending)，同时也促进了体育事业发展(accelerate the sports industry)；劣势在于：过度锻炼可能会影响工作(overmuch sport and exercise may have negative effects on daily working)。微观上看，也就是对于个人来说，优点在于：体育锻炼可以强身健体，提高了人们的生活质量(enjoy a happier life)，同时让人们的寿命更长久(people can live longer than before)；劣势在于：很多人在运动中容易受伤(may get injured)，例如拉伤(muscle pull)、骨折(fracture)，带来麻烦，得不偿失，运动时还需要多注意。

2.3 Staff should wear uniform while working. To what extent do you agree or disagree? （2003年A类真题，2005年G类真题）

该题可运用宏观微观法寻找论点。我们将中心论点定为：员工应当穿着制服。宏观上看，对于公司来讲，员工穿着统一的制服是非常重要的。对内，统一的制服是企业文化的一个标志(as a sign of the corporation culture)；对外，统一的制服是企业形象的一个代表(as a symbol of the organization profile)，而且也显得整齐有序(well-ordered)。微观上看，对于员工个人，职业装是个人职业的一种象征(professional representation)，可以激励员工爱岗敬业(inspire staff to work hard)，同时时时刻刻将自己视为公司的一员(take themselves as a part of the organization)。

在运用宏观微观法的时候，可能会经常用到一些句型。“从宏观上说”可以使用“from a helicopter view”，是非常地道的用法；“从微观上说”可以使用“from a microcosmic view”。这些用法都会为您的语言添加色彩。

对于大部分题目来说，宏观微观法是适用的。使用宏观微观法，不需要太多的思索就能够迅速地找到比较切题而且颇有深度的论点，这对于雅思写作的帮助是很大的。但是，这种方法并不适用于所有的题目，有些题目明确界定了讨论主体，比如将主体限定为个人。在这种情况下，宏观微观法就失效了。例如，当你学习一种外国语言的时候，你需要同时学习该国的文化，同意不同意这种观点？下面还会介绍更多的方法供考生选用。考生在考试的时候不要认准一个方法往题目里套，一定要根据题目的要求选择合适的方法。

☆ 客观利弊法

客观利弊法是一种科学的写作方法，同时兼顾了事物的两个对立的方面。顾名思义，客观利弊法就是分别谈谈目标话题的利和弊、优势和劣势。可行性与不可行性。这种方法尤其适合雅思写作。雅思写作的题目尤以以下几种方式提问的题型居多：

Do you agree this statement? 您同意这种观点吗？

To what extent do you agree or disagree? 您多大程度上支持或反对？

What s your opinion? 您对此事的看法呢？

Do you think the advantages outweigh the disadvantages? 您认为这种做法利大于弊吗？

这些问法都可以用客观利弊法来回答。具体写法非常简单，只要分别有逻辑地罗列出事物的利和弊即可。如此一来，寻找观点就变得非常容易，只需要看看所讨论的话题的客观利弊，即可顺理成章地下笔了。使用这种方法，文章会显得非常客观。议论文的客观性是文章价值的一个非常重要的方面。

适用率：★★★★　　观点搜集难度：★★★

我们举几个真题的例子来说明。

2.4 TV, internet and radio are very popular nowadays. Some people say that they will replace books and written words as the main source of information. To what extent do you agree or disagree? （2006年A类真题）

题目问“电子媒介会不会取代书本成为最主要的媒介”。那么我们就可以使用客观利弊法，看看电子媒介相对于书本有什么利和弊。电子媒介的优势是：首先，电子媒介是高效的，在当代社会中，信息的效率可能是多数事业成败的关键(the fastest and most effective way of obtaining information)；其次，电子媒介是方便的，我们可以不必买报纸或者去图书馆，直接看电视或上网获取信息(save time and money)；再次，电子媒介的信息量非常大，电视广播24小时不停播，计算机更是有超级储存空间，而书本的信息量则显得非常有限了(super capacities to save information)。另一方面，电子媒介相比书本的劣势是：首先，使用电子媒介需要设备，例如电视、电脑，而书本可随处携带(people can not use the electronic media without equipments such as computer or television)；其次，书本已经有几千年的历史，要比电子媒介成熟很多(books and written words have more than 3000 years history)；再次，电子媒介不利于保护版权(no good for protecting the copyrights)。

2.5 Some people think that children should learn foreign language from elementary school but not secondary school. What s your opinion? Do you think the advantages outweigh the disadvantages? （2007年A类真题）

题目说“孩子学习外语应该从小学开始而不是中学”，问你的意见。使用客观利弊法，我们分别分析儿童从小学就学习语言的利弊。首先，早学语言的好处是：第一，语言不同于科学知识，应当越早学越好掌握(the earlier to learn, the easier to handle)，研究证明18个月大的孩子就已经具备充分的语言学习能力了(18 months old children have already got the ability of learning language)；第二，儿童时期的记忆力是最好的(chirldren have strong memory capacity)，非常适于学习语言；第三，中学之后还会有很多其他课程，会给孩子很多压力(there will be lots of other courses in secondary school which force too much pressure on children)。另一方面，早学语言也有一些弊端：第一，太早学习外语会影响母语的学习(may have negative influences on mother language learning)；第二，根据一项调查表明，太早学习外语的孩子在使用母语时习惯夹杂外语单词(children who learnt foreign language too early like mixing foreign words while they speaking mother language)；第三，孩子应该有一个幸福的童年(children should enjoy a happy childhood)。

在运用客观利弊法的时候，可能会经常用到一些词汇和句型。例如：“critically speaking”，意为“客观严谨地讲”，又如“advantage”、“benefit”，“drawback”和“limitation”等。

使用客观利弊法，需要和“两边倒”或者“偏一侧”的写作结构配合（请参考审题篇和结构篇）。

☆ 假设举证法

很多雅思作文要求讨论一些人提出的观点，这些观点大部分是人们对于某个社会现象提出的整改建议，例如，“是否应该禁止广告的播出”，“是否应该修更多的道路缓解交通压力”，“是否应该让孩子从小学学习外语”，“大学生是否应当参军”，“是否应禁止用活的动物作试验”等等。这些问题实际上有很多是有待实现的，有些是已经实现了一部分但尚不完善的。正是因为仍然存在着问题，才会有讨论的空间，那么，我们就可以假设采取题目中提出的整改建议，例如，“如果禁止广告播出”或“如果修筑更多的道路”等等，看看这样做会有什么后果，是利大于弊还是弊大于利，能不能解决问题，或者是否产生了其他的新问题。顺着这个假设，可以研究出一大串的问题和内容，这些东西就是我们的写作素材，是我们用来论证题目所提出的方案可行与否的论据。这就是假设举证法。

适用率：★★★★　　观点搜集难度：★★

我们举几个真题的例子来说明。

2.6 Some people suggest that we should invent an international language which can be used by people all over the world. Do the advantages overweigh the disadvantages?（2007年A类真题）

题目说要发明一种世界语言供全球使用，问利弊。使用假设举证法，假设有一天真的有了一种世界语言，那么将会带来很多方便。人与人的交流和沟通将不再受到语言限制(the language gap will disappear)，自助旅游将变得非常容易(self tour will be much easier)，商业将会超前的发达(stimulate the business development)，人们也省去了为了工作而学习多种外语的烦恼(do not need to learn many languages for work)，整个地球可能变得越来越和谐(the whole world will become more and more harmonious)。另一方面也会带来不少问题，每一个国家的语言都孕育着一种文化，如果世界语言流行，每个国家的文化可能会遭到毁灭性的打击(countries own cultures will face fatal disaster)，很多古老的语言可能也会消失(may lost many ancient languages)，另外翻译们都要失业了(all translators will lost their job)。

2.7 Some people claim that public museums and art galleries will not be needed because people can see historical objects and works by using computer.（2007年A类真题）

题目说博物馆、美术馆将不再需要，因为人们可以从计算机上浏览到文物资料。我们就可以假设了，如果没有了博物馆、美术馆将会如何？首先，我们将再也不能亲眼看到这些珍贵物品的实物了(we could not see those genuine historical objects any more with our own eyes)，电脑的图片怎么能和实物相比呢？其次，在博物馆里那种高贵舒雅的文化氛围将不复存在（the cultural atmosphere and the elegance environment will disappear）。同时，也可以假设像故宫博物院、大英博物馆、卢浮宫这样的世界著名博物馆如果消失，那将是人类文化的巨大灾难呀(what a huge disaster for human culture)。

2.8 Some people claim that people should not use live animals to test medicine or toiletry. To what extent do you agree or disagree?（2006年A类真题）

的确，人类不应该拿活的动物做实验，但人们又有什么办法呢？假设不拿动物做实验，首先，医药的发展将受到极大的限制(a great limitation on medicine development)；其次，没有经过试验的新产品不保险，也不会有人敢用(new products without animal tests may be dangerous and harmful)；再次，不拿动物做实验，就只有拿活人了(if we do not use live animals to test medicine or toiletry, the test objects must be live human)。

几乎所有的驳论类题目都可以运用假设举证法搜集观点，由于有了假设前提，观点的搜寻就变得有了方向，比漫无目的地寻找论点要容易多了。使用假设举证法搜集观点往往能够沿着假设找出一大串的素材，考生选取两三个比较有说服力的进行写作即可。该方法可以和客观利弊法结合，假设一种事物的发展趋势或实施一项新的制度，有什么好处，有什么坏处，可写的观点就会变得更多。

☆ 对象要素法

对象要素法是一种根据话题所牵扯到的对象进行拓展观点的方法。不管是一种政策、一种变化或者一种现象，每一个话题都会有牵扯到的主体和客体，也就是事物所涉及的对象，围绕这些对象可以展开讨论。例如某个现象都牵扯到了谁？政府、人民，或者是老师、学生、用人单位，又或者是出口商、进口商、明星，还可以是文化、建筑、语言，甚至是动物等等，这种现象对这些可能会有什么影响？是利还是弊，是合理的还是荒谬的，是发展的还是倒退的，是长期的还是短期的，等等。这些内容都是写作的素材。

对象要素法是适用性最为广泛的一种方法，不仅适用于驳论类的题目，而且适用于解释类的题目。运用对象要素法的关键是，在寻找观点的时候，想一想题目谈到的现象都牵扯到了谁的利益。从大的对象往小的说，从重要的对象往次要的说，从关键的原因往普通的说。

适用率：★★★★★　观点搜集难度：★

我们举几个真题的例子来说明。

2.9 Air transport is increasingly used to export fruits and vegetables to some countries where cannot be grown or out of season. Some people think it is not justified. What is your opinion?（2007年A类真题）

这是一道出现过很多次的雅思写作题目，让考生讨论该不该拿飞机运输水果和蔬菜。我们运用对象要素法来写作，想想飞机运输水果和蔬菜都涉及到了哪些客体。很简单，涉及了消费者（吃的人），航空公司（运的人），出口商（卖的人），还有政府（收税的人）。这样，我们的思路马上就出来了。

首先，对于消费者来说，他们可以品尝到国外的新鲜水果(for consumers, they can taste some foreign foods without going to other countries)；其次，对于航空公司来说，在淡季客舱和行李舱都是空的，相比机票打折，他们更喜欢招揽其他的生意增加收入(for transporters, such operation can bring much income. Actually, only about 40 per cent seats of plane are in service in off-seasons. Compared to offering discounted plane tickets, transporting foods may be a better choice)；再次，对于出口商来说，由于科技发展带动产量增加，但是水果蔬菜卖不出去的话就会变质，飞机运输途径能够帮助他们销售产品，实现创收(for exporters, such orders are gold of their business. With the development of technology, the yield is increasing, but if those foods can not be sold immediately, they will go moldy. The air transportation just solves this problem and brings money for them)；最后，对于政府来说，商业和经济发展带来的税收是来者不拒的(for governments, they can t be happier than receiving tax by economy development)。

2.10 Nowadays, some employers thought formal academic qualifications are important than life experiences and personal qualities when they look for employees. Why is this trend? Is it positive or negative development?（2007年A类真题）

题目说：目前用人单位招聘更看重学历，为什么？问这是不是一个积极的发展趋势。这道题目可以选用以上介绍的任意一种方法寻找论点，可以从宏观微观的角度，可以从客观分析利弊的角度，也可以假设用人单位如果不看重学历会怎么样。这里我们使用对象要素法。这道题目所涉及的对象有招聘者(employers)、应聘者(employees)和社会(society)，继续思考还可以牵扯到高校(universities)等单位。

对于招聘者来说，首先是选择人才的标尺问题(criteria)。用人单位必须有一个尺度，而life experiences and personal qualities是无形的、不可计量的，academic qualifications是有形的、可计量的，所以自然后者重要。其次是招聘成本问题(cost)。招聘单位不可能一一面试所有的应聘者的能力，因此有必要首先对学历进行筛选。再次，一些岗位需要特定的学历(some positions need specific qualifications)，很多技术性的岗位需要受过专门技术培训或者具备某些职业资格的人才。例如飞机制造、投资精算或医学药学等，学历和资格证书在招聘中自然是最好的参考和证明。对于应聘者来说，academic qualifications也是自身能力的一种代表。事实证明，在校学习成绩好的学生在工作五年后获得晋升的机率会大得多(employees with distinction academic results in universities have much more probability to promote)。对于社会来说，以学历为重要标尺的招聘也是一种良好的规则，它为社会就业带来了秩序和公平(order and fair)。

2.11 Cars cause many problems. What problems? And should we discourage people to use cars? （2007年A类真题）

这是一道典型的解释类题目，属于比较难下笔的文章，很多考生对这类文章非常头疼。其实，用对象要素法寻找论点是不难的。题目说“汽车引起不少（消极）问题”，那么谁是受害者呢？很快可以想到，交通、环境、行人、资源等等，分别对以上对象进行阐述就可以了。首先，汽车可以造成交通拥堵(traffic jam)，这是20世纪以来最让人头疼的问题之一。其次，汽车污染是环境的第一杀手(car pollution is the No.1 killer of the environment)。再次，汽车事故频繁发生(accidents)，如果计算事故概率，汽车当属最危险的交通工具。最后，使用汽车会大量消耗能源(resource)。

以上几种方法都是非常实用的观点搜集方法，可以有效地解决寻找雅思写作观点和素材的问题。考生在平时还应当广泛读书，留意新闻、网络等媒体，也可以很好地积累素材，即便只是对某个话题有一个印象，考试的时候也能成为出色的论据。例如，2005年A类雅思写作曾经考到“是否应当削减对航天技术的投资，它离人们的生活太远，似乎与人类生活没关系。”这道题目很刁钻，非常不容易下笔，观点也不容易寻找。但是，中国每次发射卫星都会有全方位的新闻报道。记得很清楚，“嫦娥”探月卫星发射时的一则科普报道，题为“航天与人民生活有多远”。文章介绍了一个美国的研究，说航天带动周边产业发展，为很多产业带来了非常巨大的商机，美国阿波罗号当时投入1美元的产出是4～5美元。另外还谈到，航天无菌试验室技术已经应用到医院无菌病房，航天净化水技术已经应用来净化污染的湖水。有了这些资料作论据，您的写作得分会高出同水平考生一个档次。因此，平时应当多搜集观点，冰冻三尺非一日之寒，平日的点滴付出都可能在考试时化作回报。

第三节

论证细节的主要方法

本篇的前两节介绍了雅思写作段落的写作模式和寻找论点的方法，那么在找到论点之后，又该如何论证呢？本节就详细地介绍几种实用的论证细节的方法，包括：作解释，相比较，列数字，举例子，作假设和引文献。

在介绍这几种方法的时候，作者会针对同一个分论点采用每一种方法给大家举出例子，供大家更好地学习和理解。“是否应该把罪犯关进监狱”是一道雅思写作的常考真题，我们针对该题目拟定一个分论点：

> In order to maintain a good public security environment of our society, the criminals should be sent to jail.
>
> 为了营造一个良好的社会治安环境，罪犯应该被关在监狱里。

针对这个分论点，我们对这几种论证细节的方法进行详细的解释。

❶ 作解释

作解释是对分论点进行补充、解释和说明，把分论点铺开，进行细节阐述。或者说，作解释就是用另一种说法和方式，将分论点详细地解释一番。

3.1 There must be a penalty for criminals, not only for consoling and protecting the victim, but also for preventing other potential crimes. Sending criminals to jail and depriving their freedom is the best way.

犯了罪就一定要有相应的惩罚措施，不仅仅是为了慰藉和保护受害人，也是为了震慑其他的潜在犯罪。把罪犯关在监狱并夺取他们的自由在目前看来是最好的方法。

❷ 相比较

相比较是把两种对立的事物、现象、状态或者结果进行对比，通过对比来反衬和强化自己的观点，达到“不比不知道，一比吓一跳”的效果。

3.2 Sending criminals to jail will disfranchise their freedom. However, setting them free may bring more dangers to our society.

把罪犯关进监狱会剥夺他们的自由。但是把他们放回社会却可能给他人带来危险。

❸ 列数字

列数字是通过统计数字、图表数据等客观资料来论证和支持分论点。这种方法非常有说服力。但是在考试中，考生不大可能收集到确切的数字资料，因此通过估计确定数字的大概范围就可以了。

当然，列数字允许误差不代表可以随意编造数据，基本的常识还是要遵守的。虽然考官不会去查证所列数字的精确性，但基本判断能力还是有的。这个方法需要考生朋友积累一些常识和数字数据。例如，2007年中国人口有近1.5 billion，世界人口大约6.0 billion，北京市机动车辆2007年达到3.5 million辆，一台电脑的价格是3000～6000RMB，大学生就业第一年的平均年薪是1500RMB，北京到上海开车要花6～10小时、飞机约2小时，等等。如果不确定则不要胡乱编造。有一位考生曾经讲他们大学每年送出约5万毕业生，其中一半可以在三个月内就业。阅卷官一定非常震惊，一个普通规模大学的师生总数才1万人左右，他的学校每年就送出5万毕业生，那么保守估计起码有20万的在校生，这相当于一个小型城市的人口规模，简直太不可思议了。所以，列数字要靠谱，否则就出笑话了。

列数字有一个小技巧，在拿不准数字的时候，不要编造具体数字，而是猜测比率，例如增长率。虽然您不知道中国2006年GNP的数字，但是您可以说2007年比2006年增长了约11.2%。考官不会去一一查实，毕竟这是考试作文，不是学术研究，差不多就可以了。所以，利用“比率”可以一石二鸟，既让文章显得客观，又可以“瞒天过海”。但是，做学术是绝对不可以这样的。西方国家对于学术欺骗的审判是非常严格的，这一招仅限于考试使用。

3.3 According to a survey of a newspaper, 34 per sent criminals in Beijing Xuanwu district have previous criminal record. In other words, nearly one third criminals may disserve the society again.

根据某报纸的一个调查，在北京宣武区34%的罪犯都有犯罪前科。换言之，基本上三分之一的罪犯都会再次危害社会。

❹ 举例子

举例子是通过具体的例子论证分论点的方法。这一方法在议论文中是最常用的。在2006年发布的雅思考试写作部分题目更改通知中明确指出，大作文要求考生用例证法进行写作。因此该方法是考生必须掌握的写作方法。

具体写作技巧是，用实际的例子、自己的经历、看到的报道、书报上的事迹，或者是根据实际情况、虚拟的案例来证明自己的论点。这里的“例证”，不一定是亲眼看到或者亲身经历的，也可以是虚构的。换句话说，例证不一定是事实，但一定要合理。例如，关于全民健身的利弊问题，使用例证法就可以说，我的祖母每天保持两小时的锻炼，现在已经84岁了，身体依然非常棒。这就是例证。再比如，关于汽车的问题也考过不少次，考生朋友就可以举例说：以前我开车去上班，每天花在路上的时间要一个半小时；现在我坐地铁，虽然拥挤但是只需要35分钟，每天可以多睡半小时。如果觉得不充分，还可以进一步举例：我的朋友也是，以前开车需要45分钟，现在骑车上下班，反而只要半小时，还锻炼了身体。这些都是例证。例证不一定是真实发生的事，却一定是合情合理的。掌握这个原则，考生就可以创造自己的例证了。

3.4 The function of jail is threatening the potential criminals. In a recent TV program, a criminal in jail said frankly that he would not break the law again because he was afraid of the nightmarish prison life.

监狱的职能是威慑潜在的罪犯。近期的一个电视节目，一个服刑的罪犯坦言，自己绝不会再次犯罪，因为监狱生活对他来讲简直就是噩梦。

❺ 作假设

作假设是通过假设某种情景的发生而推测事态的发展趋势，从而达到论证的目的。如果要说明一个消极的后果，可以从反面假设，通过假设某种事实的发生将会带来什么可怕的后果，让读者感受到不希望使事情往这个方向发展的效果。例如，如果不保护环境，70年以后温室效应造成的冰川融化就会吞噬40%的大陆，人类就面临重蹈恐龙之覆辙的悲剧。如果要说明一个积极的结果，可以从正面假设，通过假设某种事实的发生将会带来一些美好的结果，让读者期待事情往这个方向发展。例如，如果全世界有一种通用的语言，全世界的人们就可以不受限制地进行交流、四处游玩，也不用再为了学习多种语言而苦恼了，世界将成为一个巨大村落。

3.5 If we do not send criminals to jail, they might be everywhere. No one can guarantee that they won t transgress again, then how dare we go out for shopping, banking and traveling?

如果我们不把罪犯关进监狱，他们将会无处不在。没有人能够保证他们不会再次作案，那么我们还敢不敢外出作日常的采购，银行业务和旅游观光呢？

❻ 引文献

引文献是引用相关的资料来证明论点的方法。这是学术上最常用、也是最基本的一种方法。当然，雅思写作中的引文献不需要严格地注明出处以及年代，只要象征性地注明作者就可以。2006年后的雅思写作更强调使用作者本人的知识和经历作为论据，这包括了考生平时看到的、听到的、阅读的素材以及个人的经验等等。从新闻、书籍中看到的片断也可以引到文章中当作论据，只需要说“according to a recent survey of CCTV news”或者“as mentioned in an popular book in China”即可。如果能够注明详细的作者和年代，自然更好，会显得文章非常严谨客观，而且尊重学术，例如“Dr. Red (2006) indicated that ...”。同样，引用名人名言也可以为文章增添色彩，格式则随意得多，例如“as the proverb goes, ...”。

3.6 According to a report of Beijing University (2004), sending criminals to jail has been the most effective way of managing crime for more than 1500 years in China.

根据一项北京大学（2004年）的调查，监禁是1500年来中国最有效的管理罪犯的方法。

我们再来看一道例题，通过例题巩固这几种方法。

3.7 Some people say that governments should pay the tuition fee for all college students. To what extent do .you agree or disagree?

我们将中心拟定为同意这一说法。下面我们分别使用作解释、相比较、列数字、举例子、作假设和引文献来撰写论据。

☆ 作解释

The education system is one of the most important parts of a society, just as same as the health care system. The government has the responsibility to invest funds on those projects, such as, paying the tuition fee for college students.

☆ 相比较

Free higher education system can attract many talents into universities and generally improve the academic researching level of a country. Moreover, it is a cardiac of the stabilization of a society. Compared with the incomes and taxes brought by tuition fee, which is more cost-efficient?

☆ 列数字

The higher education is free in approximately 30 per cent of industrialised countries nowadays. However, the number in developing countries is under 2 per cent. It seems that free higher education is the tendency of the society development.

☆ 举例子

College students do not need to pay their tuition fees in many European countries, such as Germany. Lots of outstanding students have rushed into those countries and brought many leading academic results. The benefits from free higher education are far more than the losses in tuition fee.

☆ 作假设

Most students do not have enough money to pay their tuition fee, most of which are payed by their sponsors, such as their family. But how about those students who born from poor families? Are they predeterminate to have no rights to go into the colleges?

☆ 引文献

According to the law, every body has the same right and chance to be educated. However, if one does not have enough money to pay the tuition fee, the law is equal as a rubber check.

本篇结语

通过本篇的学习，考生应该掌握了雅思写作论点的搜集和写作方法，能够在短时间内迅速地找到论据，并用各种论证方法对分论点加以论证。

需要强调的是，作文每一段应有明确的中心，不论在段首还是段尾，都应清晰地呈现出来，让读者对每一段的主题一目了然。而每一段的主题都是围绕全文中心进行写作的。考生应在构思论点时先想一想：这个论点扣紧中心了吗？只要保证中心主题不偏离航向，文章就不会跑题，结构也会比较清晰。这是保证写作在6.0分以上的基础。

第五篇
雅思写作语言篇

在介绍了雅思写作的主题、结构和论点的写法之后，本篇作者将介绍雅思写作的语言。语言包括语法、句式以及词汇的应用。如果说主题和结构是文章的粗线条，那么语言就是文章细节的体现。毫无疑问，优美流畅的句子和富于变化的词汇能为雅思写作增添不少色彩。不同的语言表现，在评分时自然会拉开差距。重点介绍如何起承转合、词汇语法详解。

语言不同于主题和结构，仅通过短期突击是很难有明显提高的。语法、句式和词汇都是通过长期的积累和应用而成形的。很多学习英语的朋友都想了很多办法提高语言水平，效果都不是太理想，语言问题一直长期困扰着中国考生。在学习本篇之前，您可以检查一下自己是否具有以下一个或几个问题：

☆ 词汇贫乏，总是在背单词但是效果不佳，遗忘很快。单词的意思都很难记住，更谈不上在写作中灵活运用。

☆ 句型单一，对复合句的写作没有把握。复杂句往往是“拼”出来的，而不是自然地写出来，读起来比较拗口。

☆ 依赖范文，记忆一些范文的漂亮句型，试图应用到自己的文章中去。但题目发生变化时，又很难应用，只能“照猫画虎”，往往造成病句。

☆ 语法错误多，文章满篇都是语法问题。被动语态、单复数、时态都经常出现错误，却找不到有效的方法改进。

如果您存在以上问题，本篇将可以在一定程度上有效缓解这些问题，但是彻底根治还需要更多的长期努力。

第一节

雅思写作的语言

雅思写作的语言包括词汇和语法，是除了主题和结构之外的另两个雅思写作评分项目。首先，我们看一看词汇和语法分别考核一些什么内容。

❶ 雅思写作的词汇要求

词汇的考核主要包括：

☆ 词汇量的多少；

☆ 词汇运用的准确性；

☆ 词汇运用的变化；

☆ 在不同语境下用词的选择能力；

☆ 词汇的拼写。

在词汇的考核内容中，词汇量就是考生掌握词汇的多少。雅思考试没有词汇表，一切生活中、学习中可能出现的词汇都是雅思词汇的考核范围。总体估计，如果词汇一项要达到5分，需要大约2500个单词左右的词汇量；如果想达到6分，则需要至少4000个单词左右的词汇量，这基本相当于中国大学英语四级考试的全部词汇量；如果想达到7分，所需要的词汇量要达到6000个单词以上，这基本相当于中国大学英语六级考试的全部词汇量，接近托福考试的全部词汇量；超过8分则可视为“native”级别，需要至少12000个单词的词汇量，基本相当于GRE的全部词汇量。

需要说明的是，很多考生背诵了大量的词汇，但是仅仅能够做到看到词汇知道是什么意思，不一定都会拼写和应用。严格地说，这类词汇就不能算作是写作词汇。写作词汇一定是考生能够熟练运用的词汇。当然，这些词汇就要比考生“认识”的总词汇量少得多了。不过这并不是问题，即使是中文，我们也有忘记写法的字，也会忘记一些好的成语，但并不影响写作，我们可以用其他的词汇来替代表达思想。但是有一些核心词汇是一定要烂熟于心的，核心词汇是雅思写作中根本的根本，是表达意思的基础。如果连最基础的词汇量都不具备，一切主题、结构、语法都将是纸上谈兵。在本篇的第四节，作者精选了636个雅思写作的核心基础词汇，考生务必要背下来，并且掌握到能够熟练应用的程度。

词汇运用的准确性和词汇的选择是考生根据语言环境选择用词的能力。举一个例子来说明。我们想表达“建议”这个意思，在不同的语言环境下选择的词汇也是不同的。表示“建议”的单词有很多，例如suggest、advise、propose、propound等等。但是这些单词的“程度”是不一样的。suggest的程度就比较轻，可以理解为“提出、提示、使想起”的意思。例如：I suggested that we should take a walk。而advise的程度就要正式一些，或者说“重一些”，有“忠告、劝告”的意思。例如：Her counselor advised her to be patient。propose则有“建议，提议，请求（婚）的意思”，例如：Ivy is proposed as our monitor。propound与advise接近，多用于正式场合，例如：Having said that, I would also propound that the opposite is true for AMD 64 bit CPU platforms。如果词汇的选择和运用不当，则会令读者匪夷所思。打一个形象的比方，就像外国人学中文时说“她上次帮助了我，我下次一定好好报复她”和“那个人心肠很坏，坑了我，有机会我得报答他”一样。因此，用词应考虑语意的褒贬，语态的轻重，语言的场合等因素，准确地选择恰当的词汇。考生朋友可以背诵一些优秀的文章，自然而然地就能学会一些词汇的用法。

词汇运用的变化指的是在文章里词汇运用的灵活程度。一方面包括，描述同一件事物是否能够使用多个意思一样的不同词汇。例如，题目是关于资源问题的，那么描述资源缺乏的词汇自然会在文中出现。例如resource shortage，但是每一次都使用同样的词汇就会使文章读起来乏味甚至拗口。灵活地运用词汇，可以用不同的方式来表达“短缺”这一意思，可以选择the lack of resource，run short of resource，be pressed for resource，be devoid of resource，resource going empty，the absence of resource，等等。这样一来，文章的词汇就显得富于变化，读起来也舒服多了。

另一方面，词汇运用的变化还包括同一个单词的不同用法，主要是词性的变化。举几个例子来说明：

☆ 动词和名词的相互转化

There is a significant *increase* in the FTSE 100 Index.（increase作名词）
The FTSE 100 Index *increased* 0.14 per sent yesterday.（increase作动词）

☆ 动词和形容词的相互转化

Keep that window *open*.（open作形容词）
Please *open* the window.（open作动词）

☆ 名词和形容词的相互转化

There are two balls, one is red, the other is *blue*. I prefer the *blue*. （第一个blue作形容词，第二个blue作名词）

☆ 数词转化成名词

Which *one* is better? I think it should be that one. （one作名词）

☆ 数量形容词转化成动词

The price of potato has *doubled*. （double作动词）

以上就是对雅思写作的词汇的介绍。下面来看一看雅思写作语法的要求。

❷ 雅思写作的语法要求

语法的考核主要包括：

☆ 文章语言的流畅程度；

☆ 运用句式的变化；

☆ 时态的准确性和统一性；

☆ 写作复合句和从句的能力；

☆ 细节语法的正确性。

文章的流畅程度指的是文章整体的通顺程度。我们知道，好的文章读起来可以一气呵成，使读者感觉非常顺畅；而糟糕的文章读起来则是处处堵塞，甚至有的语句需要重读或者到前文寻找线索来帮助理解，这种文章读起来很累。雅思作文也是一样，在写作的时候，首先打出框架，围绕中心进行写作。语言要力求通顺，自己不确定的语法和句式不要乱用。如果乱用复合句，可能会使意思表达产生曲解，造成文章不通顺，甚至文不对题。句子写完了看一看主谓宾是否正确，整体是否流畅。当然，这个检验的过程最好通过平日的练习来完成，做到提笔成文，不要在考场反复推敲一句话的语法，这会耽误很多宝贵的时间。

句式的变化主要考核考生是否能够灵活地运用句式。灵活运用句式包括主动、被动语态的使用，固定搭配的使用，短语的使用，成语的使用，从句的使用，等等。写作时，避免使用单一的句型，例如I开头的句型和There be开头的句型。我们看一个非常简单的例子，这是小学英语就学过的内容。两段话表达的是完全相同的意思，但是表达方式的不同能使语言显出天壤之别。

☆ I dreamed a dream this morning. The bell ringed and I got up. I saw that today is a fine day. I ate the breakfast. I dressed my brand new jacket. I took my bag, and I went to school.

☆ I was awoke by the ringing bell while I was dreaming this morning. It is a fine day today. After enjoying my breakfast, I dressed my brand new jacket. Taking my bag, I got on my way to school.

时态的准确性和统一性指的是文章中涉及时态的内容，运用是否准确合理，并且保持前后相辅相成。雅思考试中涉及不到太复杂的时态。实际上，在正常的生活中也很少涉及到太复杂的时态。例如“过去将来进行时”和“将来完成进行时”，“过去将来完成进行时”都是基本用不到的，即便母语是英语的人也可能弄混这些时态。在雅思考试的时候，完全不需要涉及这些时态。英语的时态总共有十六种，雅思考试一般涉及到的最多只有八种：

☆ 一般现在时；

☆ 一般过去时；

☆ 一般将来时；

☆ 一般过去将来时；

☆ 现在完成时；

☆ 过去完成时；

☆ 现在进行时；

☆ 过去进行时。

只要将这八种时态完全掌握就可以了。

写作复合句和从句的能力主要考察考生对句子的应用能力。句子的种类主要有简单句、并列句、复合句、主语从句、表语从句、宾语从句、定语从句、同位语从句和状语从句。考生朋友肯定没有时间一一学习这么多的句子类型，而且也很难记忆，更难达到实际应用。那么，简单的方法是，把语法书上的一些优秀的句子背下来，替换句子的主谓语为自己需要的对象，就变成了自己的复合句和从句了。注意，一定要参考语法书上的例句，许多范文中的例句都存在着大量的问题。任何书籍都是一样的，即使是中文，我们也不能保证自己的句子完全不存在语法错误。使用语法书上的例句可以有效地避免错误，而且也都是非常标准且易学的句子。

雅思写作并没有对句式的复杂性做出任何明确要求，盲目地追求句式的复杂实际上是一个误区。在简单句还没有掌握的情况下，不能够好高骛远，过份强调长难句的写作。尤其是中国考生多数是自学备考，没有专家和老师对学生的作文进行审评修改，很多时候考生朋友写出的句子存在相当严重的错误，自己却不能察觉，反而当做好句型在考试中滥用。在自我感觉良好的情况下取得了低分，却不知道问题出在哪里。针对这种情况，作者的意见是：先写好简单句，把意思表达清楚，再尝试复合句的写作。

总的来说，关于雅思写作的语言，考生应当把握以下五个原则：

1. ☆ 词汇表达准确

用词首先要精确，不要为炫耀词汇量而使用一些偏僻或歧义的词汇，用不好反而会影响意思的表达。活用不代表滥用，基础词汇使用得当也能够达到好的效果。

2. ☆ 词汇富于变化

雅思考试的用词要富于变化，同样的单词在文章中反复出现会令文章显得黯然失色，给人乏味感。灵活变化词性，使用衍生词、同义词，从反面使用反义词，都可以令文章的用词富有变化。

3. ☆ 语法运用正确

写作用词务必保证人称单复数、时态、被动语态等语法对词汇变形的要求，虽然不能保证通篇没有语法错误，但一定要避免出现低级的语法错误，造成不必要的失分。

4. ☆ 句式应用灵活

雅思的句式要富于变化。适当使用复合句可以展示自己的语言水平，为文章增色。但是复合不是复杂，句子不是越长越好。长短句相结合才是文章通顺流畅的秘诀。“两短一长”最适合雅思写作的密度。

5. ☆ 拼写力求正确

写作的词汇切记要使用拼写正确的单词，如果拿不准单词的拼写，可以用近义词代替，而不是盲目蒙混拼写。

第二节

开篇、主体与结尾的写作

上一节对雅思写作的语言进行了介绍。但是，掌
而且需要花费大量的时间。多数雅思考生备考时间都
模的词汇、语法提高。本节和下一节就是针对想短期
的。

本节精选了一些雅思写作常用的句型，并将其分类为：开篇写作句型，主体写作句型以及结尾写作句型。句型有简单的，也有复杂的，其中包含了一定的词汇和语法的应用，考生可以根据自己的喜好进行选择。

❶ 开篇写作句型

☆ Some people claim that ..., but personally, I agree that ...

☆ Nowadays, ... raise a big controversy.

☆ While this statement is true for ..., however, ...

☆ The phenomenon of ... has become part of modern urban life.

☆ To be of assistance or not, it indeed is debatable if ...

☆ As the proverb goes，“...”.

☆ Various views exist as to ...

☆ It is a wildly recognized fact that ...

☆ With the development of technology, ...

☆ Since the development of the industry and information technology in the last century, ...

☆ When it comes to ..., the majority of people believe that ...

☆ Everything has two opposite aspects, ...

☆ The controversy about ... has been discussed for many years.

☆ I fully agree with the point that ...

wadays, the tendency of … has become more and more clear.

☆ It is always a hot topic that …

☆ It is unfair that …

☆ It is well known that …

☆ It seems almost certain that …

☆ While some people say yes and some say no for …, I standing on …

☆ As our world is becoming a global village, …

☆ When it comes to …, I would say that …

☆ This essay is going to discuss …

☆ Nowadays, an increasing number of people are beginning to realize that …

☆ No one can deny that …

❷ 主体写作句型

☆ Firstly, … Secondly, … Thirdly, …

☆ First and the most important, … Besides, … Furthermore, … Lastly, …

☆ Some people believe … because … On the contrary, others believe that …

☆ Generally speaking, …

☆ It is obvious that …

☆ There is no doubt that …

☆ In other words …

☆ It may be true that … however …

☆ It will be unimaginable if there were …

☆ Nothing is more important than …

☆ The government should lay down rigid laws and regulations to control …

☆ There are many advantages of …

☆ To solve this problem, …

☆ Compared to …, the … has enormous advantages.

☆ Take … as an illustration, …

☆ According to a survey, …

☆ Critically speaking …

☆ There are three major advantages of …, first, … second, … finally, …

☆ However, … has some limitations and drawbacks on the other hand.

☆ One thing should be mentioned lastly, …

☆ It would be ridiculous to think that …

☆ I do believe that …

☆ I would prefer that …

☆ Statistics show that …

☆ Just like everything has both its good and bad sides, …

☆ Here it is all right to emphasize the importance of …

☆ The problem is that …

☆ Generally speaking, …

☆ By contraries …

☆ There are many ways to do so.

☆ Everything has two sides and, of course, each side has its own reason for doing so.

☆ When we talk about … we usually …

❸ 结尾写作句型

☆ From what has been discussed above,our conclusion here is brief and short …

☆ To conclude, …

☆ As discussed, …

☆ It is reasonable to believe that …

☆ As the two statements above, I am on the side of the latter argument.

☆ Although it is true that ..., In my opinion, ...

☆ As a conclusion, ...

☆ Here our conclusion is brief and short, ...

☆ However, one thing should be emphasized that ...

☆ All in all, ...

☆ Hope it is not too late to ...

☆ Finally, ...

☆ To sum up ...

☆ In conclusion ...

☆ To end the controversy, ...

第三节 文章的上下衔接与起承转合

上下文的衔接在雅思作文中起着至关重要的作用。整个文章需要大量起承转合词汇将各个部分连接起来，形成因果关联、上下融通的一个整体。在本节，凉月总结出了一部分常用的起承转合词汇，考生可以有选择地记忆，并将其运用到自己的写作之中。一些相对生涩的词汇附有简单的例句。

雅思写作常用起承转合词汇

❶ 表因果关系

<*adv.*> consequently；therefore；thus...

<*phra*> as a result；as a consequence；the reason why；because of；lead to；attribute to...

例：Thus the question was finally settled.

❷ 表转折关系

<*adv.*> however；nevertheless；yet；otherwise...

<*phra*> but at the same time；despite that…

例：The clouds were dark, nevertheless, the airplane took off.
I know nothing yet.

❸ 表对比关系

<*adv.*> similarly；equally；conversely；while…

<*phra*> by contrast；on the other hand；compare with…

❹ 表总结关系

<*adv.*> thus；therefore…

<*phra*> our conclusion here is brief and short…；in summary…

❺ 表递进关系

<*adv.*> furthermore；moreover；besides…

<*phra*> in addition；not only…but also…

例：He has no interest in the film. Besides it is raining.

❻ 表次序关系

<*adv.*> firstly；secondly；thirdly；finally；eventually；furthermore…

<*phra*> first and most important；in the second place；last but not least…

❼ 表列举关系

<*phra*> for example；take…as an illustration；such as；just as…

❽ 表选择关系

<*adv.*> alternatively…

<*phra*> whether…or；either…or；neither…nor；both…and；not…but；instead of…, the former /the latter…

Whether的用法：whether sb. do sth. 例：I'll see whether he is ill.

whether…or 例：It matters little whether it will rain or snow.

whether or not [=no matter] 例：Whether we help him or not, he will fail.

❾ 表条件关系

<*adv.*> if；unless…

<*phra*> suppose that；under such circumstances…

❿ 表让步关系

<*adv.*> nevertheless；admittedly…

wherever；whatever；whoever…

<*phra*> in any case

⓫ 表解释关系

<*phra*> that is to say；that implies；as a matter of fact；in this case；refer to…

⓬ 表强调关系

<*adv.*> indeed；undoubtedly；obviously…

<*phra*> in fact；of course…

⓭ 表时间关系

<*adv.*> presently；since；afterward；until；before；earlier；meanwhile；finally；eventually…

<*phra*> as long as；after a while；in the past period /decade…；so far

第四节

雅思写作必记的基础词汇

文章如大厦，结构是框架，词汇是砖瓦。这个道理学英语的人都知道。中国的考生都是从一个一个单词开始学习英语的，到了中学、大学开始每日大规模地背诵单词，因为普遍认为“词汇量决定英语水平”。实际上，这是一个完全错误的观念。词汇量在一定程度上可以决定考试分数，但不是全部，而词汇量更不能决定英语水平。举一个简单的例子，一个通过大学英语六级考试的学生具有6000左右的词汇量，他的听说很可能不如一个只有2000左右词汇量的三、四岁的英国本土小孩。英语是交流的工具，听说是基础的、首要的，读写是衍生的、高级的。基础不牢，何谈高级？

实际上，仅靠背单词提高英语水平其实是一种初级的、低效的方式。人的记忆是有限的，也是会遗忘的，背再多的单词，很可能在一个月之后忘得精光。但是，在一个不具备日常英语环境的地区，又没有太好的办法帮助学习者记忆单词，死记硬背是没有办法的办法。很多英语教学专家和研究机构都推出了“从课文中记单词”、“读故事记单词”、“星火式联想记单词”等等助记方法，在很大程度上缓解了记忆单词的枯燥和低效。

对于考雅思的朋友来说，很多并不是英语专业出身，也有高中生和在职人员，通病是词汇量不够。但是对于有课程、有工作的雅思考生来说，时间是宝贵的，背单词的时间从哪里挤呢？不少考生已经把单词背到了公车上、地铁里甚至床头，但是这样的零星记忆效果并不太好，记得快，忘得更快。结果是单词书看了一遍又一遍，生词都面熟，却都不认识，更谈不上在写作中灵活使用。

与其泛泛地记忆，大量地忘记，不如精记少量的核心词汇。本节作者精选了636个写作单词。这些单词是雅思写作最基本的词汇，考生应牢牢记住这636个单词，不仅仅要记住意思，还要会拼写。一般来说，在写作主题和结构没有硬伤的情况下，这些词汇保证写作部分6.5分已经基本足够。

更高端词汇的运用当然会带来更高的分数，考生如果时间充裕，可以自行选择一本比较好的词汇书籍，进行单词记忆。作者比较推荐词根式记忆的书籍，往往只要牢记一个单词的意思，就可以联系出一串衍生词汇。

说明：本词汇是由作者根据《牛津大辞典》和《朗文当代英语词典》精选出的636个常用写作词汇。鉴于考生的准备时间有限，而且水平和目标各有不同，作者特别将这636个词汇按照使用频率进行了分类。这里的分类方法是比较科学的，因为雅思写作运用的词汇都是在描述生活和社会问题中经常用到的词汇，因此这些词汇在互联网上出现的频数可以作为其使用频率的一个依据。在此，作者特邀LEI老师协助将所有的词汇在Google上进行检索，并按照其出现的词条次数进行排序，实现对写作使用频率的分类。这636个词汇被分为四个级别，第一级是检索出现频数在300,000,000以上的词汇，为最高频核心词汇；第二个级别是检索出现频数在150,000,000～300,000,000之间的词汇，为次级高频核心词汇；第三个级别是检索出现频数在60,000,000～150,000,000之间的词汇，为三级高频核心词汇；第四个级别是检索出现频数在1,500,000～60,000,000之间的词汇，为四级高频核心词汇。

第一级 高频核心词汇

ability	*n.*	能力
abstract	*adj.*	抽象的
abuse	*v.*	滥用
access	*n.*	接近
actually	*adj.*	实际上
additional	*adj.*	另外的
advantage	*n.*	优势
affect	*v.*	影响
amaze	*v.*	使震惊
ancient	*n.*	古老的
anticipate	*v.*	预期
approach	*v.*	接近
appropriate	*adj.*	适当的
available	*adj.*	可用的
average	*adj.*	平均的
beyond	*prep.*	在另一边
block	*v.*	锁
board	*n.*	板
brief	*adj.*	短的
browse	*v.*	浏览
chance	*n.*	机会
charge	*v.*	收费
choice	*n.*	选择

code	*n.*	代码
comment	*v.*	评论
commercial	*adj.*	商业的
community	*n.*	社会
compare	*v.*	比较
complex	*adj.*	复杂的
consider	*v.*	考虑
content	*n.*	内容
copyright	*n.*	版权
corporate	*adj.*	公司的
create	*v.*	创造
creative	*adj.*	富有创造力的
credit	*v.*	信任
current	*adj.*	现实的，目前的
custom	*n.*	习惯
database	*n.*	数据库
decision	*n.*	决心
design	*n.*	设计
determine	*v.*	决定
development	*n.*	发展
digital	*adj.*	数字的
direct	*adv.*	直接地
direction	*n.*	方向
display	*v.*	陈列
due	*adj.*	应该的

effect	*n.*	效果
effective	*adj.*	有效果的
ensure	*v.*	确保
entertainment	*v.*	娱乐
era	*n.*	时代
exchange	*v.*	交换
executive	*adj.*	执行的
experience	*n.*	经验
explore	*v.*	探险
express	*v.*	表达
external	*adj.*	外部的
fashion	*n.*	时尚
feature	*n.*	特征
feed	*v.*	喂养
figure	*n.*	数字
finance	*n.*	金融
focus	*n.*	焦点
foundation	*n.*	基础
function	*n.*	功能
further	*adj.*	进一步的
generation	*n.*	（一）代（人）
guarantee	*v.*	担保
immediately	*adv.*	立刻
impact	*n.*	碰撞

include	*v.*	包括
index	*n.*	索引
individual	*adj.*	个人的
initial	*adj.*	初始
institute	*n.*	学院
insurance	*n.*	保险
internal	*adj.*	内在的
issue	*n.*	问题
maximum	*n.*	最大
minimum	*n.*	最小
mobile	*adj.*	运动的
monitor	*v.*	监控
multiple	*adj.*	复合的
necessary	*adj.*	必须的
normal	*adj.*	正常的
offer	*v.*	提出
operation	*n.*	手术
original	*adj.*	原始的
otherwise	*adv.*	另外地
overall	*adv.*	总地
overweigh	*vt.*	重过
particular	*adj.*	特殊的
perfect	*adj.*	完美的
permission	*n.*	许可
personality	*n.*	个性

popular	*adj.*	流行的
position	*n.*	位置
positive	*adj.*	积极的
potential	*adj.*	潜在的
pressure	*n.*	压力
prevent	*v.*	预防
previous	*adj.*	以前的
primary	*adj.*	首要的
principal	*adj.*	主要的
private	*adj.*	私人的
process	*n.*	过程
produce	*v.*	生产
professional	*adj.*	专业的
profile	*n.*	概括
program	*n.*	程序
project	*n.*	方案
provide	*v.*	供给
public	*adj.*	公共的
question	*n.*	问题
random	*adj.*	随机的
range	*n.*	范围
reduce	*v.*	减少
reference	*n.*	引文
release	*v.*	释放
relevant	*adj.*	有关的

remove	*v.*	移动
reply	*v.*	答复
require	*v.*	需要
resource	*n.*	资源
respect	*v.*	尊敬
response	*n.*	答复
revise	*v.*	修订
rough	*adj.*	粗糙的
seek	*v.*	寻找
senior	*adj.*	资格老的
sense	*v.*	感觉到
sensitive	*adj.*	敏感的
separate	*v.*	区分
session	*n.*	会议
significant	*adj.*	有意义的
society	*n.*	社会
solution	*n.*	解答
specific	*adj.*	特有的
standard	*adj.*	标准的
status	*n.*	地位
stock	*n.*	股票
subject	*n.*	主题
support	*v.*	支持
surface	*n.*	表面
target	*n.*	目标

technique	*n.*	技巧
technology	*n.*	技术
tour	*n.*	旅行
transfer	*v.*	转移
unique	*adj.*	唯一的
valid	*adj.*	有效的
value	*n.*	价值
variety	*n.*	变化
weight	*n.*	重量

第二级 高频核心词汇

academic	*adj.*	学术的
accurate	*adj.*	准确的
achieve	*v.*	完成
adequate	*adj.*	足够的
advertise	*v.*	广告
afford	*v.*	承担
aggressive	*adj.*	侵略的
alarm	*n.*	警报
aspect	*n.*	方面
assume	*v.*	假设
authority	*n.*	官方
avoid	*v.*	避免
award	*n.*	奖励
battery	*n.*	电池

benefit	*n.*	受益
blank	*n.*	空白
budget	*n.*	预算
capable	*adj.*	有能力的
capture	*v.*	捕获
certificate	*n.*	证明
chain	*n.*	链条
challenge	*n.*	挑战
character	*n.*	性格
chief	*adj.*	主要的
claim	*v.*	声称
commitment	*n.*	承诺
compatible	*adj.*	兼容的
competition	*n.*	竞赛
competitive	*adj.*	有竞争力的，竞争的
concept	*n.*	概念
concern	*v.*	有关
conduct	*v.*	行为
confidence	*n.*	信心
confirm	*v.*	确认
connect	*v.*	连接
constant	*adj.*	不断的
contain	*v.*	包含
context	*n.*	上下文
contract	*n.*	合同

contribute	*v.*	贡献
coverage	*n.*	覆盖
critical	*adj.*	批评的
damage	*v.*	破坏
debate	*v.*	争论
define	*v.*	定义
deliver	*v.*	递送
demand	*v.*	要求
describe	*v.*	描述
diverse	*adj.*	不同的
domestic	*adj.*	国内的
duration	*n.*	期间，持续时间
dynamic	*adj.*	动力的
economy	*n.*	经济
effort	*n.*	努力
eligible	*adj.*	符合条件的
emergency	*n.*	紧急情况
enterprise	*n.*	企事业单位
equal	*adj.*	相等的
essential	*adj.*	必须的
estimate	*v.*	估计
evaluate	*v.*	评估
eventually	*adv.*	最终
evidence	*n.*	证明，证据
evolution	*n.*	进化

exactly	*adv.*	精确地
excel	*v.*	优秀
exclusive	*adj.*	排斥的
exist	*v.*	存在
expand	*v.*	扩大
expect	*v.*	期待
expert	*n.*	专家
extend	*v.*	延伸
extent	*n.*	广度，程度
extremely	*adv.*	极端地，极度地
faith	*n.*	信任
familiar	*adj.*	熟悉的
fantastic	*adj.*	梦幻
fix	*v.*	固定
frame	*n.*	结构
fund	*n.*	基金
fundamental	*adj.*	基础的
grade	*n.*	等级
gross	*adj.*	总的
handle	*v.*	把握
host	*n.*	主人
ideal	*adj.*	理想的
identity	*n.*	身份
imagine	*v.*	想象
indicate	*v.*	指出

insight	*n.*	洞察
interview	*n.*	面试
inventory	*n.*	存货
junior	*adj.*	低级的
label	*n.*	标签
labor	*n.*	劳动
launch	*v.*	发动
maintain	*v.*	维持
majority	*n.*	大多数
manage	*v.*	管理
measure	*v.*	计量
mechanism	*n.*	机械
minute	*n.*	分钟
motion	*n.*	动作，手势
negative	*adj.*	负面的
obtain	*v.*	获得
occur	*v.*	发生
outlet	*n.*	出路
partial	*adj.*	部分的
perform	*v.*	表演
periodical	*adj.*	周期的
perspective	*n.*	远景
possibility	*n.*	可能性
practical	*adj.*	实际的
procedure	*n.*	程序

progress	*n.*	进展
promote	*v.*	提升
quantity	*n.*	数量
reaction	*n.*	反应
reasonable	*adj.*	合理的
reflect	*v.*	反映
regard	*v.*	看待
reliable	*adj.*	可信的，可靠的
replace	*v.*	代替
represent	*v.*	象征，表达
reserve	*v.*	保留
resume	*n.*	履历
review	*v.*	复习
sacred	*adj.*	神圣的
security	*n.*	安全
select	*v.*	选择
serial	*adj.*	连续的
serve	*v.*	伺候，服务
session	*n.*	一段时间
shape	*v.*	成形
shift	*v.*	转变
signal	*n.*	信号
slightly	*adv.*	一点地，轻微地
smart	*adj.*	聪明的
spirit	*n.*	精神

sponsor	*v.*	资助
stable	*adj.*	稳定的
storm	*n.*	暴风雨
strategy	*n.*	战略
strength	*n.*	力气
stress	*n.*	压力
strike	*v.*	打，敲击
sufficient	*adj.*	充分的
survey	*n.*	调查
switch	*v.*	转换
thin	*adj.*	薄的
tip	*n.*	小费
traffic	*n.*	交通
transaction	*n.*	交易
transportation	*n.*	运输，交通
trend	*v.*	趋向
typical	*adj.*	典型的
universal	*adj.*	普遍的
vary	*v.*	改变
vehicle	*n.*	交通工具
virus	*n.*	病毒
whereas	*conj.*	然而

第三级 高频核心词汇

acceptable	*adj.*	可接受的

acquire	*v.*	获得
adjust	*v.*	调节
admit	*v.*	承认
agency	*n.*	代理
aid	*n.*	救助
alive	*adj.*	活的
alternative	*adj.*	选择的
angle	*n.*	角度
announce	*v.*	宣布
annual	*adj.*	每年的
appeal	*v.*	请求
appetite	*n.*	食欲
approximate	*adj.*	大概的
argue	*v.*	争论
arise	*v.*	出现
artificial	*adj.*	人工的
artwork	*n.*	艺术品
assess	*v.*	评估
asset	*n.*	资产
associate	*v.*	结交，联系
assumption	*n.*	假设
assure	*v.*	使确信
attachment	*n.*	附件
attitude	*n.*	态度
bachelor	*n.*	学士

ban	*v.*	禁止
bargain	*v.*	讨价
barrier	*n.*	障碍
bias	*n.*	偏见
blame	*v.*	责怪
boost	*v.*	推进，促进
calculate	*v.*	计算
campaign	*n.*	战役
caution	*n.*	小心
chaos	*n.*	混乱
charity	*n.*	慈善
collapse	*v.*	倒塌
combine	*v.*	联合
comfortable	*adj.*	舒适的
communicate	*v.*	交流
complicated	*adj.*	复杂的
conclude	*v.*	总结
concrete	*adj.*	具体的
conflict	*v.*	斗争，冲突
consensus	*n.*	一致意见，共识
consequence	*n.*	结果
consist	*v.*	构成
constitution	*n.*	宪法
construct	*v.*	建造
consult	*v.*	请教，咨询

contest	*n.*	竞争
controversial	*adj.*	有争议的
convention	*n.*	习俗
convert	*v.*	改变
coordinate	*v.*	调节
crash	*v.*	碰撞
crisis	*n.*	危机
curious	*adj.*	好奇的
dawn	*n.*	破晓
decade	*n.*	十年
decline	*n.*	下降
delay	*v.*	推迟，耽搁
depend	*v.*	依靠
deposit	*n.*	定金
depression	*n.*	沮丧
destroy	*v.*	消灭，摧毁
differ	*v.*	不同
dimension	*n.*	尺度，空间
distinction	*n.*	显赫
distinguish	*v.*	区别
divide	*v.*	划分，区分
dominant	*adj.*	主流的
donate	*v.*	捐赠
dramatic	*adj.*	戏剧性的
elegant	*adj.*	优美的，优雅的

elementary	*adj.*	初级的，基础的
enforce	*v.*	实施
engage	*v.*	从事
enormous	*adj.*	巨大的
escape	*n.*	逃亡
excess	*n.*	过量
exhibition	*n.*	表现，展览
fail	*v.*	失败
fake	*n.*	赝品
fatal	*adj.*	致命的
finite	*adj.*	有限的
flexibility	*n.*	弹性
forecast	*v.*	预测
frequent	*adj.*	频繁的
fuel	*n.*	燃料
galaxy	*n.*	银河系
genuine	*adj.*	真的
guilty	*adj.*	罪恶的
hence	*adv.*	因此
highlight	*v.*	强调
horizon	*n.*	地平线
identical	*adj.*	同样的
ignore	*v.*	不理睬
illegal	*adj.*	不合法的
illustrate	*v.*	举例说明

imply	*v.*	意指，暗指
impose	*v.*	强加
injury	*n.*	伤害
innovation	*n.*	创新
intelligent	*adj.*	聪明的
intend	*v.*	打算
intensive	*adj.*	强烈的
involve	*v.*	涉及
lag	*v.*	落后
lease	*n.*	租赁
legacy	*n.*	遗产
leisure	*n.*	闲暇
liability	*n.*	责任
limitation	*n.*	限制
locate	*v.*	坐落
logical	*adj.*	合乎逻辑的
luxury	*n.*	奢侈品
magnetic	*adj.*	磁的
manufacture	*n.*	制造
moderate	*adj.*	温和的
modify	*v.*	修改
moral	*adj.*	道德的
neutral	*adj.*	中立的
nevertheless	*adv.*	尽管
notion	*n.*	概念

observe	*v.*	遵守
occupation	*n.*	职业
opposite	*n.*	相反的事物
	adj.	相反的，相对的
optimal	*adj.*	最优的
passive	*adj.*	被动的
penalty	*n.*	惩罚
personal	*adj.*	个人的
polish	*v.*	润色
pose	*n.*	姿势
predict	*v.*	预测
prescription	*n.*	指令
preserve	*v.*	保护，保存
principle	*n.*	原则
proceed	*v.*	进行
prominent	*adj.*	卓越的
proportion	*n.*	比率
prospect	*n.*	展望
pursue	*v.*	追赶，追求
qualify	*v.*	具备资格
radical	*adj.*	根本的
reform	*v.*	改良
relate	*v.*	叙述
relax	*v.*	松懈，放松
resident	*n.*	居民

restriction	*n.*	限制
reveal	*v.*	揭示
revenge	*v.*	复仇
reverse	*v.*	颠倒
rule	*n.*	法则，规则
sacrifice	*n.*	牺牲
shield	*n.*	盾，覆盖物
shoulder	*n.*	肩膀
solely	*adv.*	独自地
sort	*n.*	种类
specify	*v.*	指定
substitute	*v.*	代替
succeed	*v.*	成功
survive	*v.*	活下来，幸存
suspect	*v.*	怀疑
temporary	*adj.*	临时的
tendency	*n.*	趋势
thick	*adj.*	厚的
transform	*v.*	变换
trigger	*vt.*	引发，触发
unexpected	*adj.*	想不到的，意料之外的
uniform	*n.*	制服
urgent	*adj.*	急迫的
utilize	*v.*	利用
various	*adj.*	不同的

venture	*n.*	风险
volunteer	*n.*	志愿者
weaken	*v.*	削弱
wisdom	*n.*	明智
yield	*v.*	产出

第四级 高频核心词汇

abandon	*v.*	抛弃
accuse	*v.*	控诉
adapt	*v.*	使适应
adolescent	*adj.*	青春期的
adventure	*n.*	冒险
ambition	*n.*	雄心
analysis	*n.*	分析
anxious	*adj.*	焦虑的
apparently	*adv.*	显然地
appliance	*n.*	设备
appointment	*n.*	约定
appreciate	*v.*	感激
assemble	*v.*	聚集
assign	*v.*	指派
attribute	*v.*	归因于
bankrupt	*v.*	破产
behave	*v.*	行为
beverage	*n.*	饮料

bite	*v.*	咬
bless	*n.*	赐福，保佑
breakthrough	*n.*	突破
breed	*v.*	繁殖
brighten	*v.*	照亮
capitalism	*n.*	资本主义
captive	*n.*	俘虏
cheer	*v.*	喝彩
circulate	*v.*	循环
circumstance	*n.*	处境，环境
civilize	*v.*	文明
clarify	*v.*	解释
classify	*v.*	分类
clone	*n.*	克隆
commend	*v.*	表扬
compel	*v.*	强迫
complain	*v.*	抱怨
compose	*v.*	组成
concentrate	*v.*	集中
confess	*v.*	承认
confuse	*v.*	使混乱
conquer	*v.*	占领
consume	*v.*	消费
continual	*adj.*	连续的
convince	*v.*	使信服

cooperate	*v.*	合作
counterbalance	*v.*	使均衡
crude	*adj.*	粗糙的，原始的
cruel	*adj.*	残酷的
deceive	*v.*	欺骗
declare	*v.*	断言
deepen	*v.*	加深
defend	*v.*	防守
deficit	*n.*	赤字
delicate	*adj.*	精美的
delight	*v.*	愉悦
deny	*v.*	否认
despair	*v.*	失望
dignity	*n.*	高贵
disadvantage	*n.*	缺陷
disconnect	*v.*	分开，断开
discourse	*n.*	演讲
distress	*n.*	苦恼
dividend	*n.*	红利
elastic	*adj.*	有弹性的
emotion	*n.*	情绪
emphasize	*v.*	强调
endure	*v.*	忍受
ethical	*adj.*	道德的
evacuate	*v.*	转移

exhaust	*v.*	精疲力尽
extinguish	*v.*	熄灭
farewell	*n.*	再见
fascinate	*v.*	迷住
feasible	*adj.*	可行的
fluctuate	*v.*	波动
forbid	*v.*	禁止
generalize	*v.*	归纳，总结
habit	*n.*	习惯
harmonious	*adj.*	和谐的
infect	*v.*	感染
inflation	*n.*	通货膨胀
informal	*adj.*	不正式的
inject	*v.*	注射
inquire	*v.*	打听
insist	*v.*	坚持
inspire	*v.*	鼓舞
isolate	*v.*	隔离
justify	*v.*	证明……是正当的
literate	*adj.*	有文化的
maturity	*n.*	成熟
migrate	*v.*	移民
modest	*adj.*	谦虚的
monopoly	*n.*	垄断
motivate	*v.*	激励

motive	*n.*	目的，动机
negotiate	*v.*	谈判
nightmare	*n.*	噩梦
obstacle	*n.*	障碍
offend	*v.*	冒犯
omit	*v.*	遗漏，省略
oppose	*v.*	反对
optimistic	*adj.*	乐观的
panic	*v.*	恐慌
paralyze	*v.*	使瘫痪
peculiar	*adj.*	稀奇的
perpetual	*adj.*	永久的
persist	*v.*	坚持
persuade	*v.*	说服
pessimistic	*adj.*	悲观的
preface	*n.*	序言
presume	*v.*	假定
reckon	*v.*	认为
recycle	*v.*	回收利用
redundant	*adj.*	多余的
reinforce	*v.*	加强
reject	*v.*	拒绝
renew	*v.*	更新
revenue	*n.*	收入
reward	*n.*	报酬

risk	*n.*	风险
schedule	*n.*	时间表
settle	*v.*	安放，定居
shareholder	*n.*	股东
simulate	*v.*	模仿
skillful	*adj.*	熟练的
spell	*v.*	拼写
stationary	*adj.*	固定的
stimulate	*v.*	刺激
supervise	*v.*	监督
surplus	*n.*	剩余
tangible	*adj.*	有形的
teenager	*n.*	青少年
temper	*n.*	脾气
texture	*n.*	质地
trait	*n.*	特性
underpin	*v.*	加强
unfold	*v.*	打开
urge	*v.*	催促
wealthy	*adj.*	富裕
withdraw	*v.*	收回

第五节

拼写与检查

任何人都难免犯错，犯错并不可怕，可怕的是不会应对错误。雅思作为英语能力考试，涉及多种题型、多种考核方式、较长的考试时间（三小时）和闭卷的考核方式，错误难免产生。本节要解决的问题就是如何应对错误。

❶ 第一类错误和第二类错误

考试中的错误一般分为两大类：

☆ 第一类错误

由于考生本身不具备答题的能力而导致的错误，也就是不会做的题没做对。

☆ 第二类错误

考生本身具备答题能力，但因为疏忽导致的错误，也就是会做的题没做对。

第一类错误也叫做无知错误，第二类错误也叫做疏忽错误。

但是，无论是无知错误还是疏忽错误，结果是一样的：分数没了。只是疏忽类错误往往更令人遗憾，甚至懊恼。对于这两类错误，考生应当认识到的是，这些错识误都会在考试中存在，问题是怎样才能减少这些错误。

对于第一类错误，我们应当把工作做在考前。也就是说，通过平时的积累和学习来避免第一类错误。举个例子，在考试的时候，考生需要使用“deal”的过去式，而该考生不知道过去式怎么拼写，只能胡乱写上一个，导致错误。但是如果该考生在考前复习到了不规则动词，知道“deal”的过去式是“dealt”，在考试的时候就避免了这个错误。但是，我们并不知道考试将会考什么，也不可能把整本词典或者语法书背下来。为了应付第一类错误，就需要复习一些常用的、易错的内容，只需要花很少的时间，就能够迅速弥补自己在某些方面的缺陷。本节会一一总结这些内容。

对于第二类错误，检查是一种很好的手段。写作和口语是主观的题目，考生的错误会更加明显了。尤其是写作，白纸黑字，没有掩饰的余地。所以，考生朋友在写完全部文章（Task 1和Task 2）之后如果还有剩余时间，一定要立即检查。都检查些什么呢？主题和结构是不能够改动的，因为这个工作应当是在作文下笔之前的审题步骤中完成的，如果最后剩三五分钟，甚至一分钟，想要改动文章的主题和结构是绝对不可能的。这时候，检查的主要内容是词汇和语法。

无论对于第一类错误还是第二类错误，容易出错的内容都集中在：

☆ 拼写；

☆ 时态；

☆ 不规则动词；

☆ 标点；

☆ 大小写。

时态在前边已经简单地介绍过，这里不再复述。下面主要介绍一下如何避免在拼写、不规则动词和标点方面的错误。

❷ 拼写的检查

拼写错误是最常见的错误之一。怎么避免拼写错误呢？一方面考生需要记牢单词的拼写，如果记不住，在考试的时候可以使用其他词汇替换。例如：accelerate不会拼写，则可以用speed up替代；December不会拼写，可以用the last month of the year替代，或者使用简写Dec.替代。而对于一些易错的单词，考生则可能由于笔误或者习惯性地根据发音拼写导致错误，也就是我们说的第二类错误。对于这类单词，这里总结了一些常用的例子，供考生参考。

☆ 含有不发音字母的单词

autumn	bomb	bridge	catch	climb	debt
doubt	foreign	half	knee	knife	knowledge
listen	psychology	write	wrong		

掌握该类单词有一定的规律：

k 在n之前不发音，如 knee, knife, knowledge；
d 在dge之中不发音，如 bridge, edge, knowledge；
l 在像walk这样的单词里不发音，如 half, palm；
t 在像listen这样的单词里不发音，如 soften；
t 在-tch里不发音，如 hatch, catch；
gh 一般不发音，如 through, light；

w 在r之前不发音，如 wrong, write；

n 在mn之中不发音，如 autumn；

a 在-ea之中不发音，如 peach, read, reason；

b 在m之后不发音，如 limb, thumb；

p 在一些情况下不发音，如 psychology；

b 在一些情况下不发音，如 bomb, debt；

☆ 在变形时需要双写的字母

begin – beginning	cut – cutting	get – getting	hit – hitting
let – letting	put – putting	run – running	set – setting
shut – shutting	sit – sitting	swim – swimming	win – winning

beg – begged – begging	drop – dropped – dropping
fit – fitted – fitting	plan – planned – planning
rob – robbed – robbing	stop – stopped – stopping

掌握该类单词的规律是：单词原形的结尾字母倒数为辅音，元音，辅音的时候，双写最后一个辅音字母。

☆ 含有双写的单词

abbreviate	accelerate	accept	accommodate	necessary
according	occupy	successful	address	efficient
effective	essential	afford	sufficient	traffic
luggage	sugguest	rubbish	challenge	collect
pollution	cotton	employee		

❸ 常用不规则动词

我们知道，动词的过去式和分词一般是以-ed结尾的，但是有一些不规则动词，它们的过去式和分词有自己的形式。很多考生总为记不住这些形式而苦恼，其实许多英国人和美国人也提笔忘字，对于这些不规则动词也很头疼。实际上，在考试中只要记住常用的一些不规则动词，平时拿出来看一看，就足够了。本书总结了一些雅思考试常用的不规则动词，考生可以经常翻一翻，有针对性地记忆。

原形	过去式	过
arise	arose	ar
awake	awoke	awoke
bear	bore	borne
beat	beat	beaten
become	became	become
bite	bit	bitten
bleed	bled	bled
bless	blessed, blest	blessed, blest
break	broke	broken
bring	brought	brought
build	built	built
burn	burnt	burnt
buy	bought	bought
catch	caught	caught
choose	chose	chosen
come	came	come
cost	cost	cost
cut	cut	cut
deal	dealt	dealt
do	did	done
draw	drew	drawn
drink	drank	drunk
drive	drove	driven
eat	ate	eaten
fall	fell	fallen
feel	fell	felt
fly	flew	flown
forbid	forbade, forbad	forbidden

		过去分词
		forgotten
		frozen
		got(BrE), gotten(AmE)
		given
		gone
		grown
		hung, hanged
		had
	heard	heard
	held	held
hurt	hurt	hurt
keep	kept	kept
know	knew	known
lay	laid	laid
lead	led	led
learn	learned, learnt	learned, learnt
leave	left	left
let	let	let
lie	lay	lain
lose	lost	lost
make	made	made
pay	paid	paid
put	put	put
read	read	read
ride	rode	ridden
ring	rang	rung
rise	rose	risen
run	ran	run

原形	过去式	过去分词
say	said	said
seek	sought	sought
sell	sold	sold
send	sent	sent
set	set	set
shoot	shot	shot
show	showed	shown，showed
shut	shut	shut
sing	sang	sung
sit	sat	sat
speak	spoke	spoken
stand	stood	stood
stick	stuck	stuck
swear	swore	sworn
sweep	swept	swept
swim	swam	swum
swing	swung	swung
take	took	taken
teach	taught	taught
tell	told	told
think	thought	thought
throw	threw	thrown
wake	woke, waked	woken, waked
wear	wore	worn
win	won	won
write	wrote	written

❹ 英文的标点

英文的标点基本上和中文的标点是一样的，写法、用法都大同小异。

标点	写法	作用	例句
逗号	,	表示句子中的停顿，或将连续列举的对象隔开	Yesterday we ate tomatoes, eggplant, and beef.
句号	.	结束一个句子	Yes, she is.
问号	?	表示疑问	Are you Bob?
叹号	!	表示感叹	What a fine day today!
冒号	:	引出对象或作解释	Our requirements including: fund, human resources and an office.
分号	;	连接两个并列的分句	The former one is Lily; the later one is Tracy.
引号	“ ”	表示引用或强调	As the proverb goes: no pains, no gains .
破折号	—	作补充或说明	The Chairman of China Hu Jintao.

本篇结语

通过本篇的学习，考生应该对雅思写作的语言有了一个比较明确的了解，并在一定程度上掌握了雅思写作的词汇和语法。

本篇对雅思写作的句式和词汇都作了比较详细的介绍，但是有关语法的问题涉及的非常少，因为语法问题非常琐碎而且复杂，个人的情况又不一样。建议考生购买一本比较好的语法书籍，针对自己薄弱的环节进行突破。

另外需要指出的是，语言是需要长期积累才能升华的，词汇的积累无论对于一个英语初学者还是一个英语专业的语言学者是一样重要的。而实践证明，通过日常的语言应用来学习词汇的效果非常好，而且不容易忘记。在非英语国家，学习英语的学生应当寻找到一个适合自己的方法，养成良好的习惯，对词汇进行长期的记忆。

第二部分

凉月雅思

雅思考试Task 1写作技巧

本书的大作文部分已经详细介绍了Task 2 的写作技巧，本部分将具体介绍Task 1 的写作方法。

小作文一直以来容易被考生轻视，而事实上小作文是雅思写作中至关重要的一项。曾经有不少考生问“是不是能先写大作文，后写小作文”，认为“如果大作文写好了，小作文就无所谓了”。事实并非如此。雅思写作的评分是按小作文成绩占三分之一，大作文成绩占三分之二，加总来计算的。我们举几个典型的例子，相信您就明白小作文的重要性了。

	Task 1	Task 2	作文报告分
考生A	6.0	7.0	6.5
考生B	7.0	6.0	6.5
考生C	4.0	8.0	6.5

表中列出了考生A、考生B和考生C的雅思作文成绩。考生A的大作文得到了7.0分，应该是具备一定基础并且经过精心准备，但是由于小作文拖了后腿，作文总分是6.5分。考生B属于大众类型，具备大学英语四级水平。由于小作文难度并不大，想得7.0分其实很容易，而考生B的大作文中规中矩，得到6.0分。如此一来，作文总分也是6.5分。再看考生C，一个英语基础非常好的考生，先写了大作文，而且完成得非常出色，得到了8.0分。但是由于留给小作文时间不足，没有完成，得到4.0分。最后的作文总分仍然是6.5分。由此看来，三名考生虽然水平不同，但是考试结果却相同。问题出在哪里呢？比一比小作文的得分就知道了。由此我们不难总结出：

☆ 小作文写好了，可以帮助写作技巧一般的考生获得更高的分数；

☆ 小作文写不好，则会拉大作文的后腿，使作文总分下降；

☆ 小作文不完成，则会使整个写作分数大幅下降，导致低分。

通过上述简单的分析，小作文的重要性可见一斑了。那么，小作文应如何准备呢？其实小作文的准备要比大作文容易得多，因为不论是A类还是G类，小作文的题目涉及到的范围都比较狭窄，各类题型大同小异。只要考生掌握一定的句型，背下两三篇范文，练习四五篇习作，就基本可以达到7.0分的水平了。

学术类（A类）和培训类（G类）的Task 1部分是截然不同的两种考试形式。A类Task 1的形式是说明文，要求考生根据图、表或数据进行写作；G类Task 1的形式是书信，要求考生根据提供的信息写一封信件。本部分内容分为两篇，分别介绍A类和G类小作文的写作方法。

第六篇
雅思A类小作文篇

第一节
A类小作文的要求和评分标准

要写好小作文，应对小作文有一个比较全面的了解。本节将详细解读雅思A类Task 1 的题目要求和出题类型。

❶ A类小作文的要求

下面我们看一看雅思考试官方给出的A类写作Task 1 的要求：

Summarise the information by selecting and reporting the main features, and make comparisons where relevant.

从这句简单的描述中，我们可以看出A类小作文要求归纳图表中提供的信息，选择和报告信息的主要特征并且对关联的事物作出比较。这里需要着重理解的是，selecting要求考生对信息有所选择，而不是简单地把整个图表数据描述一遍。main features指出了应当选择的对象，即为主要特征。那什么又是主要特征呢？举个生活的例子，假设您第一次到伦敦，您的朋友和您约定了地点会面。您从威斯敏斯特地铁站的一个地铁出口走出来，难免迷失在这个陌生的古都。当您打电话问朋友方向的时候，您会提到的标志性建筑一定是：大本钟，伦敦眼，威斯敏斯特教堂等等非常具有标志意义的main features。如果您告诉朋友的是您路边的一棵大树、您身边的一个报亭或者其他不起眼的标志，那么您恐怕就见不到朋友了。小作文的main features也是一样的道理，您需要找的是"最XX"的对象，例如：最高峰、最低值、最大的、最小的、最多的、最少的，或者地图中最显眼的、流程图中最重要的环节等等。make comparisons where relevant要求考生在文中对相关联的事物作比较，这是学术作文中非常重要的一种能力。具体比较的对象就需要考生去发掘了，例如今年和去年同期的某数值之比，二季度比一季度翻了几翻，等等。

雅思A类Task 1 的要求细节总结起来主要有以下几点：

☆ 形式：说明文；
☆ 字数：不少于150个单词；
☆ 时间：建议为20分钟；
☆ 要求考生对提供的信息进行选择；
☆ 要求考生报告所提供信息的主要特征；
☆ 要求考生对相关联的信息作比较。

❷ A类小作文范例

我们通过一个典型的例子来说明A类雅思作文Task 1 的写作。

Writing Task 1 (Academic)

You should spend about 20 minutes to write this task.

The charts below show the number of Chinese students studying abroad from 1997 to 2006 and the percentage of subjects they chose.

Summarise the information by selecting and reporting the main features, and make comparisons where relevant.

Write at least 150 words.

Number of Chinese Students Studying Abroad (in thousands)

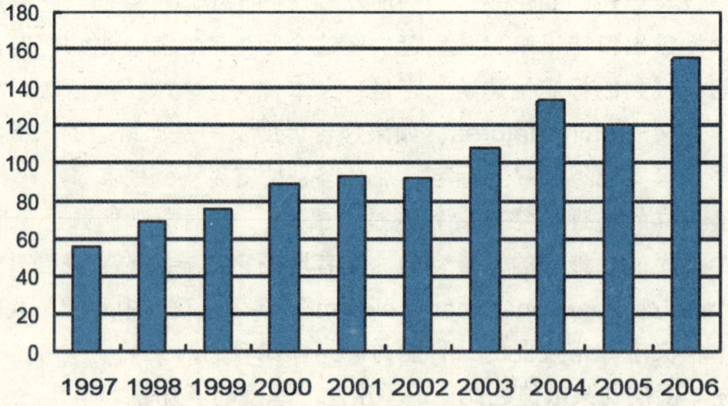

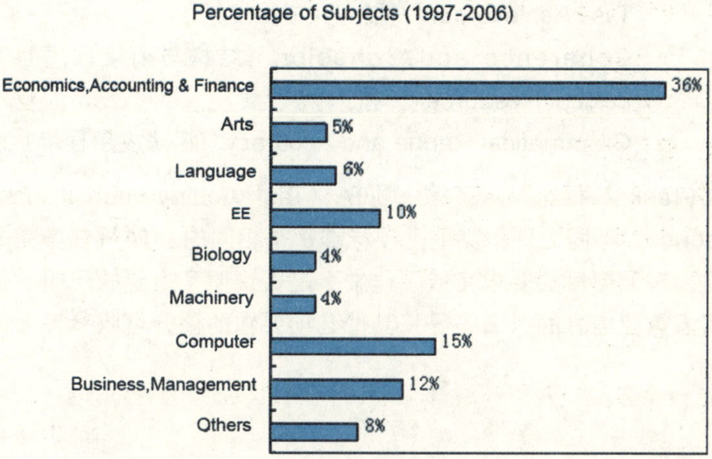

Sample

The two charts reveal the number of Chinese students going abroad for higher education in last 10 years and the percentage of majors they chose.

The first graph shows that the number of Chinese oversea students increased gradually in the last decade. There was a moderate growth from 1997 to 1999, and stayed constantly at about 90,000 in the next 3 years. In 2005, the number of oversea students fell slightly. In 2006, it peaked at 155,000, which was about three times as much as that in 1997.

The second graph describes the proportion of subjects chosen by oversea students. Obviously, the most popular major was Economics, Accounting and Finance, which occupied more than one third of total. In the second place, 10 to 15 percent students chose EE, Business, Management and Computer as their courses. Language, Machinery, Arts and Biology were taken by a few oversea students for each, and another 8 percent students chose other areas as their directions.

(161 words)

❸ A类小作文的评分标准

A类小作文的评分标准主要有以下几项：

TA　　Task Achievement（任务完成程度）；
CC　　Coherence and Cohesion（结构与衔接程度）；
LR　　Lexical Resource（词汇丰富程度）；
GRA　　Grammatical Range and Accuracy（语法应用程度）。

与大作文(Task 2)相比，除了第一项TA（Task Achievement）与大作文的TR（Task Response）不同之外，其他几项标准都是相同的。TA（任务完成程度）主要考核考生是否按照题目的要求完成了作文，是否说明了主要的问题，是否作了必要的比较，有无重要信息的遗漏等等。其他几项要求的评分可以参考大作文的评分标准。

第二节

A类小作文的题目类型

雅思写作A类Task 1 要求根据提供的信息写一篇说明文。而这些信息则有各种各样的不同形式，不同形式的题目所应用的写作方法自然就不一样。本节将介绍雅思写作A类Task 1 的题目类型。

通常地，A类小作文题目提供的信息形式，可以分为以下几大类：

☆ 数据型图表
☆ 趋势型图表
☆ 综合型图表
} 数据描述类（约占A类Task 1 写作题目的72%）

☆ 流程说明图
☆ 功能说明图
☆ 方位说明图
} 图形描述类（约占A类Task 1 写作题目的28%）

其中，数据型图表、趋势型图表和综合型图表大同小异，统归为数据描述类；流程说明图、功能说明图和方位说明图都是根据图画提供的信息进行写作，统归为图形描述类。

下面我们通过真题来认识一下这几种小作文的类型。

❶ 数据型图表

数据型图表一般由一到两个（少数情况可能出现三个）包含了一定数字信息的图形或表格组成。数据型图表一般是饼状图(pie chart)、数据表(table)或者柱状图(bar chart)。数据型图表描述的都是事物的静态数据，主要特征是图表包含的信息以数字和百分比为主。参考下面的例子。

2.1 You should spend about 20 minutes to write this task.

The three pie charts below illustrate the percentage of college students' annul spending on their accommodation, food, leisure, book and other of three different countries (A, B and C).

Summarise the information by selecting and reporting the main features, and make comparisons where relevant.

Write at least 150 words.

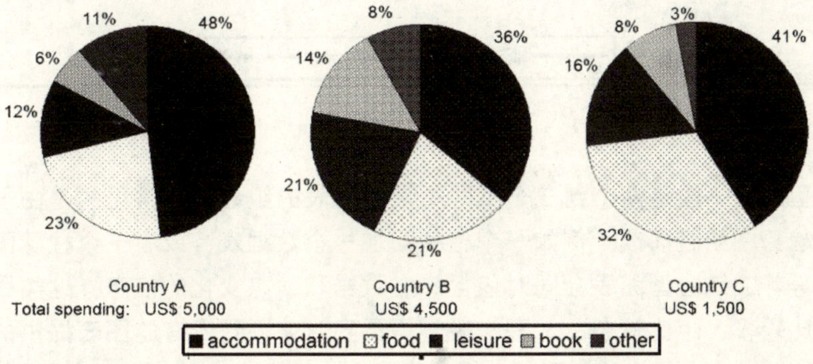

❷ 趋势型图表

趋势型图表一般由一到三个描绘某事物变化情况的图表组成。趋势型图表的绝大多数形式为线状图(line chart / curve chart)、柱状图(bar chart)和点状图（spot chart）。这类题目的主要特征是图像呈现事物在不同时间、空间等条件下各类数值的动态变化，作文以描述事物的变化和趋势为主。参考下面的例子。

2.2 You should spend about 20 minutes to write this task.

The chart below shows the percentage of three nations' (USA, Sweden and Japan) population over 65 years of age from 1964 to 2000

and forecasts the future figures in next 40 years.

Summarise the information by selecting and reporting the main features, and make comparisons where relevant.

Write at least 150 words.

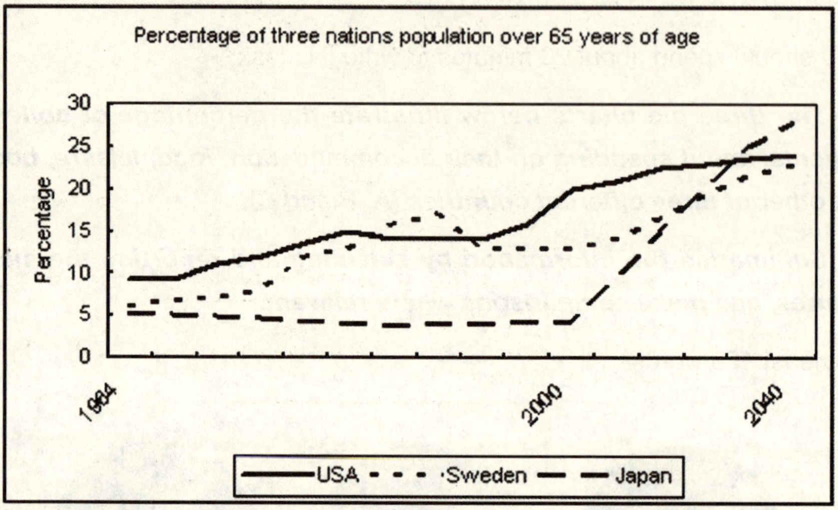

❸ 综合型图表

综合型图表一般是两个到三个不同类型的图表的组合，最常见的是由一个数据图和一个趋势图组合而成。例如一个柱状图加一个数据表，或者一个柱状图加一个饼状图，等等。综合型图表会同时包含静态数据和动态变化的信息，这类图表要描述的信息比较多，也比较杂乱。写作时，需要同时兼顾到所有的图表提供的信息，重点考核的是考生对信息的选择能力和比较能力。参考下面的例子。

2.3 You should spend about 20 minutes to write this task.

The charts below show the percentage students with part-time jobs in Australia in 1983 to 2003, and the table shows the average hours of part time work and years to complete degree.

Summarise the information by selecting and reporting the main features, and make comparisons where relevant.

Write at least 150 words.

Percentage of Students with part-time jobs

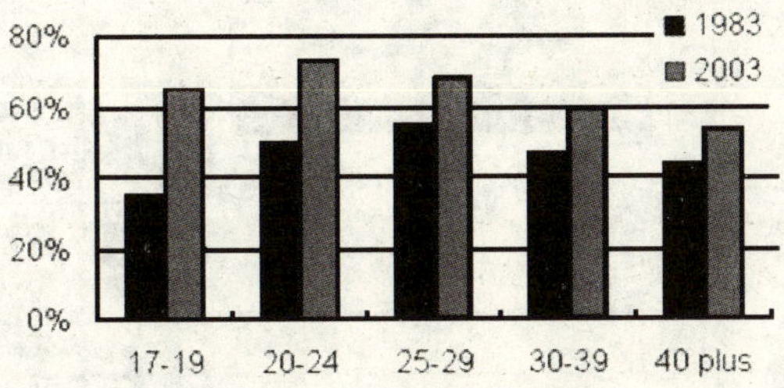

Average hours of part-time work and years to complete degree

	1983	2003
Average paid work per week	5 hours	14.4 hours
Average years to complete degree	3 years	4 years

❹ 流程说明图

流程说明图由一个或一组图呈现一种现象的发展或进行过程，图中含有说明性的标注。要求考生根据图的内容和信息，按照其发展规律和顺序，说明该事物的流程。参考下面的例子。

2.4 You should spend about 20 minutes to write this task.

The diagram below shows the life cycle of the forest in American Yellowstone National Park.

Summarise the information by selecting and reporting the main features, and make comparisons where relevant.

Write at least 150 words.

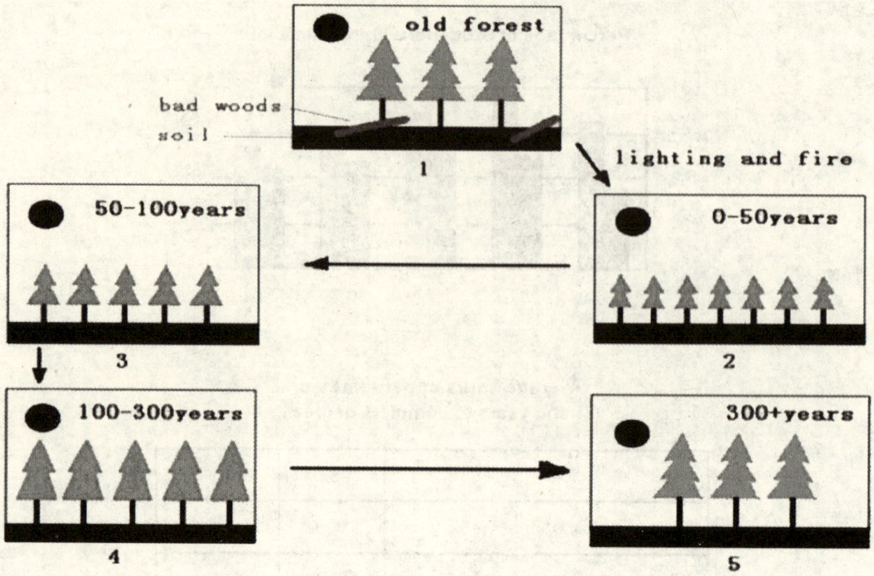

❺ 功能说明图

功能说明图是由一组图片对某事物的应用方法、运作原理和功能效果作出描述，图片的形式非常类似于产品说明书。要求考生根据图片的内容和信息，对事物的功效或原理作一个简要的说明。参考下面的例子。

2.5 You should spend about 20 minutes to write this task.

The pictures below show how to build houses in different climates.

Summarise the information by selecting and reporting the main features, and make comparisons where relevant.

Write at least 150 words.

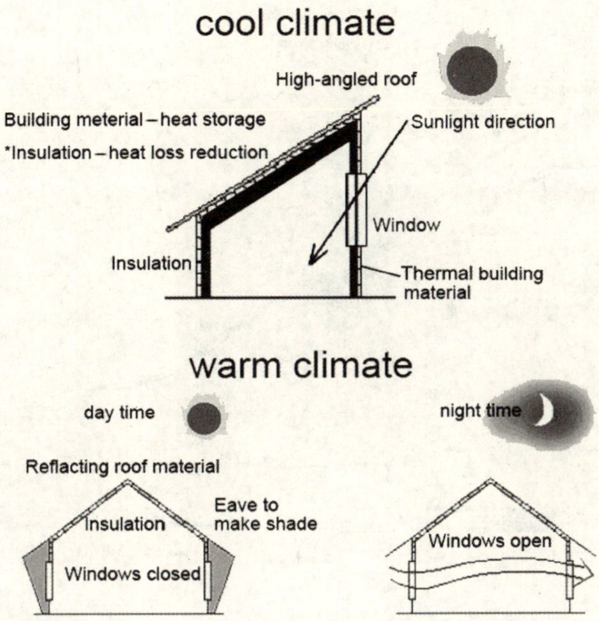

⑥ 方位说明图

方位说明图是一组标注了描述对象的位置和方向的图片，多数属于地图的形式。要求考生根据图片上的信息，描述或说明某地区的情况。参考下面的例子。

2.6 You should spend about 20 minutes to write this task.

The map below shows the landscape of Milton Keynes. The government is planning to set a supermarket in this town. There are two alternative locations for the supermarket, M and N. You should make a decision on the location of the supermarket, and write a report to describe your choice and reason.

Summarise the information by selecting and reporting the main features, and make comparisons where relevant.

Write at least 150 words.

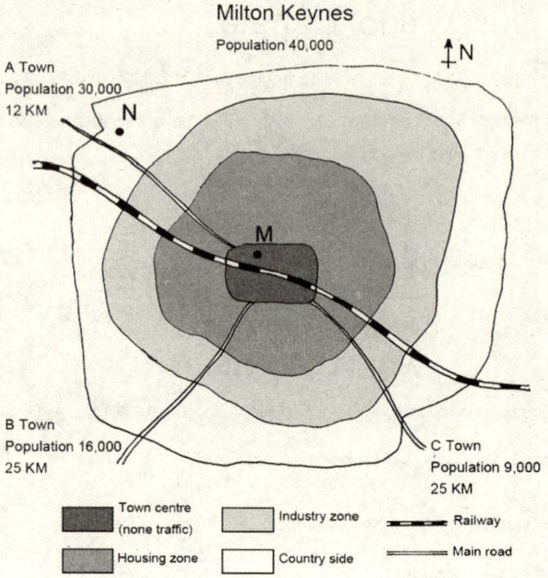

第三节

A类小作文的写作方法

A类小作文的写作方法比大作文要简单得多，因为小作文的变化比较少，所有的题目都是大同小异的。只要了解了题目的几种类型，学会对信息进行筛选，再掌握一些常用的词汇和句型就可以了。考生应针对几种类型的题目各准备一套模板，考试时分析题目后直接套用自己习惯的写作模板，基本就能够确保小作文取得比较理想的成绩。

A类小作文的写作步骤主要为：

☆ 第一步：审题。首先要看懂图表，对图表有一个宏观的理解。

☆ 第二步：信息筛选。观察细节，找出写作中需要使用的重点信息，标注出来。

☆ 第三步：写正文。套用惯用的模板进行写作。

☆ 第四步：快速检查。主要检查拼写、时态和单复数等细节。

A类小作文的写作结构并没有大作文要求的那么高，一般使用两到四个自然段就可以了，不宜分得过多。第一个自然段需要简单介绍一下文章的内容，也就是概括一下图表中描述的对象都是什么。题目中会有一些关于图表的描述和介绍，把这些语句适当改写一下就可以了。从第二个自然段开始，需要对图表做主要的描述，考生可以直接套用模板。最后，在时间充裕而且字数不足的情况下，可以加上一个简单的总结。如果字数已经足够，也可以不必总结。

下面作者就几种A类小作文的类型分别介绍相应的写法。

❶ 数据型图表的写法

数据型图表需要描述的主要对象包括：

☆ 最大值 maximum

☆ 最小值 minimum

☆ 相同值 same

☆ 相异值 different

☆ 增加值 increased

☆ 减少值 decreased

☆ 特殊值 special

这些内容都应当是写作的元素，需要考生在分析题目的时候从图表中挖掘出来。无论题目是饼状图、表格还是柱状图，都会包含以上元素，写法是一样的。

我们以例139页中的三个饼状图作例子，写作中应该涉及以下几点：

☆ accommodation在各国大学生开销中都占了最大的比例，food占第二；

☆ book的开销在各国都是最少的，其中B国的比例相对多一些，占14%；

☆ C国整体开销最少（$1500），而food在三国的比例中占得最多（32%）可见food还是最基本的开销；

☆ A国（$5000）和B国（$4500）学生的other开销的比例相对C国（$1500）的3%更多，很可能是由于购买必需品后仍有富余资金。

❷ 趋势型图表的写法

实际上，趋势型图表与数据型图表的写法从根本上是一样的，只不过趋势型图表更注重事物在发展中的变化，也就是动态变化；而数据型图表更注重事物的数字表现，也就是静态数据。趋势型图表的写作关注的对象主要包括：

☆ 上升

☆ 下降

☆ 波动

☆ 稳定

☆ 峰值

☆ 谷值

☆ 交点

☆ 整倍数

☆ 不同对象相同时间的数值比较

☆ 单一对象不同时间的数值变化

我们以140页中的曲线图作例子，写作中应该涉及到以下几点：

☆ 从1964年到2000年，USA和Sweden的老龄人口比例都保持上升的趋势，Japan在（缓慢）下降；

☆ 在1990年左右，Sweden老龄人口比例达到16%，是40年来最高，超过了USA，之后回落；USA则在同期保持在14%；

☆ 2000年到2040年的预测，三个国家的老龄人口都将上升，Japan的增长尤其迅猛；

☆ 40年后，Japan的老龄人口比例超过USA和Sweden，接近30%；

☆ 40年后，USA和Sweden的老龄人口比例基本差不多，在24%左右。

❸ 综合型图表的写法

综合型图表就是在题目中给出了数据型图表和趋势型图表，同时包含了静态和动态的信息。这类图表看起来信息非常多，但写法并没有本质的区别。考生可以在引言段之后，用一段描述静态图表，一段描述动态图表。综合型图表包括的元素实际上包括了数据型图表和趋势型图表所包含的元素。

我们以例141页的综合图作例子，写作中应该涉及到以下几点：

☆ 1983年和2003年打工学生的比例都是随着年龄的增加而先增加后减少的；

☆ 1983年25～29岁的打工学生比例最多，占55%左右；2003年20～24岁的打工学生比例最多，占70%左右；

☆ 2003年各年龄段打工学生的比例都明显高于1983年的比例值；

☆ 2003年17～19岁打工学生的比例几乎是1983年的两倍，学生打工年轻化；

☆ 2003年学生打工的时间是1983年的三倍，可能是因为他们有多一年的时间去完成学业，学习压力小一点，空闲时间多一点。

❹ 流程说明图的写法

流程说明图被认为是A类雅思写作中最难的题型，很多考生对流程说明图产生了极大的恐惧感，加上一些炒作，一些考生几乎到了“谈流程图恐惧症”的地步。实际上，流程说明图并不难。它甚至不需要考生像写数据型图表那样去搜索信息，只需要按照事物的发展规律描述流程就可以了。而整个流程在图片上会体现得非常清楚，还会有相应的注解。那么，在以往的考试中，流程图为什么显得如此可怕呢？一来是因为考生对这类题目不熟悉。二来是因为图片如果过于复杂，则不容易理解；图片如果过于简单，则没什么内容可写。但是，只要掌握了流程说明图的写作方法，再掌握几套流程图写作的句型，这些问题也就迎刃而解了。

流程说明图的写作方法可以与其结构一起进行理解：

第一段 简单介绍

说明所描述的流程图是做什么的过程，目的又是什么。

↓

第二段 流程描述

按照时间和流程的先后顺序，描述整个过程中的具体步骤。

↓

第三段 结果

描述整个流程过后所达到的结果，并可以作简单总结。

我们以142页中的流程图作例子，整个过程应当描写：

第一段：介绍图片描述了美国黄石国家公园的森林在遭遇火灾后的生长过程。

第二段：☆ 老的森林中有一部分树木枯死，倒在地上，成为了易燃物；

☆ 闪电击中森林后，引起了火灾，森林毁灭；

☆ 0～50年，土地又长出了大量的新的树苗；

☆ 50～100年，一部分树苗成活了，并长成幼树（注意树的数量变少了）

☆ 100～300年，大部分幼树基本都能够继续成长为成年树木（树的数量没有变化）；

☆ 300年后，成年树木争夺养分和阳光，只有一部分成活下来，成为参天大树（树的数量再次减少）。

第三段：经过300年优胜劣汰后成活的树木形成了新的森林，这就是森林的life cycle。

❺ 功能说明图的写法

功能说明图也是A类雅思作文中比较棘手的题型，形式与流程图较为相似。但由于图的形式与我们日常生活中的各类产品说明书比较相似，理解起来没有流程图那么抽象，因此也就显得没有流程图那么可怕。功能说明图的写作和流程图写作的要素一样，首先要读懂图，了解对象设备的功能和工作原理，然后使用自己的模板进行写作就可以了。

功能说明图的写作方法可以与其结构一起进行理解：

第一段 功能简介
说明所描述的设备是什么，是做什么用的。

⇩

第二段 基本结构
描述设备的基本结构，例如外形，材料，功能等。

⇩

第三段 工作原理
描述设备的工作过程和原理，以及使用后达到的效果。

我们以第142页中的功能说明图作例子，文章应当描写：

第一段：介绍该图描述的是在不同的气候条件下，使用合理的结构可以让房屋变得舒适。

第二段：在寒冷的气候条件下，应采用：

☆ 使用high-angle roof（高倾角的屋顶），使用的材料可以store heat；

☆ 向阳的一边有大window，墙壁使用theraml building material（不需要知道它具体是什么）；

☆ 背阳的一边不安装窗户，墙壁使用的是insulation，目的是reduce heat loss。

这样的话：

☆ 阳光能够直接从向阳的窗户射入房间，巨大的屋顶可以吸收热量，房屋的墙壁可以阻止热量流失。如此一来，即使在寒冷的地区，房间内也可以一直保持温暖。

第三段：在炎热的气候条件下，应采用：

☆ A字型屋顶，目的是make shade（制造阴凉）；

☆ 屋顶建筑材料使用reflecting roof material；

☆ 两边的墙壁都安窗户，白天关闭，晚上打开。

这样的话：

☆ 白天的时候，强烈的阳光照不到屋子里，房顶可以隔热，关上窗户可以阻挡热空气的进入，整个屋子非常阴凉。晚上打开窗户，凉风会贯穿整个房屋，使房屋在炎热的气候下一直保持凉爽。

注意：这里举例用的题目采用了两组图片，因此我们变通了写作方法，与介绍的方法不同，这里采用了一个自然段描述一组图的方法。但实际上写作的原理是一样的，第二自然段和第三自然段，都是先描述设备的基本结构和材料，然后描述其工作原理和效果。在考试中，题目很可能会有类似的变化，考生只要对文章结构稍微地作一点灵活的调整就可以了。

❻ 方位说明图的写法

方位说明图也称作是地图题，在图形描述类的题目中属于最容易的题目。地图题由于比较容易看懂，不存在程序或功能上的理解障碍，只要掌握了方位，写起来还是比较简单的。地图题的写作需要掌握一些表示方位的词汇，剩下的工作基本就是看图作文了。

有时候，方位说明图会有一些变形题。变形题并非完全是地图的说明，而是基于一张地图，要求考生说明一些其他的信息。第143页的图就是一道明显的方位说明图的变形题。这类题目并不多见，对于变形的题目，基本的写法仍然是一样的。我们以这道题为例来说明。

第一段：说明政府计划在这个小镇设立一个超市，备选的位置有M和N。

第二段：介绍M的地理位置优势与劣势

☆ 地理优势是位于市中心，人口集中，商业发达；

☆ 有火车经过，可以运输货物；

☆ 地理缺陷是市中心non traffic，全部是步行街，不方便汽车运输；

☆ 地段成本很高；

☆ 临近镇子的人距离超市都比较远。

第三段：介绍N的地理位置优势与劣势

☆ 位于country side，地段成本低，可以开大规模超市；

☆ 附近有火车和公路，方便货物运输；

☆ 距离相邻镇子中人口最多（30,000）的 A town 非常近（12km）；

☆ 地理缺陷是离市中心较远；

☆ 距离B town和C town的距离较远。

第四段：综合比较而言，如果开规模较小的超市，在M点适合；如果开大型的超市，在N点适合。也可以仅仅推荐一个，例如综合考虑还是N点更合适。

第四节

A类小作文的常用表达

仅仅学习了A类小作文的写法是不够的，如果没有语言作为写作的保障，一切还只是纸上谈兵。本节精选了一些A类小作文写作的常用语言，考生只要掌握了这

些语言，在考试的时候就可以直接把图表中需要描述的信息套进去
子，即可快速地完成A类小作文了。

❶ 数据描述类语言

☆ 必须掌握的基本名词：

graph, figure, diagram, table, bar chart, pie chart, line chart, plot, curve, population（总样本）, sample（样本）, comparison, proportion, rate, ratio, percentage, tendency, statistic, …

☆ 上升：

<*v.*> increase, rise (rose), go up (went up), grow (grew), climb, jump, …

<*n.*> growth, raise, …

☆ 下降：

<*v.*> decrease, decline, reduce, go down (went down), fall (fell), …

<*n.*> reduction, drop, lessen, …

☆ 快速的、显著的：

<*adj.*> sharp, significant, …

<*adv.*> sharply, significantly, evidently, observably, …

☆ 逐渐的、稳定的：

<*adj.*> gradual, slight, …

<*adv.*> gradually, slightly, bit by bit（逐渐地）, inch by inch, gently, by degrees, …

☆ 大约、近似：

<*adj.*> approximate, rough, …

<*adv.*> approximately, probably, about, nearly, almost, roughly, …

☆ 波动：

<*v.*> fluctuate, shake, …

<*e.g.*> fluctuate between 900 and 1, 000

☆ 保持不变：

<*v.*> remain, maintain, keep, …

<*e.g.*> remain steadily at 1000 for 2 years

☆ 描述类动词：

show，illustrate，describe，indicate，reveal，display，represent，…

☆ 所占比率：

A1 and A2 both have 30 per cent of B.

A has the largest percentage of B.

A has approximately one third of the total number of B.

A has over a half of the total number of B.

☆ 最高点：

<*v.*> top，peak，…

<*e.g.*> In 1978, the number reached its top /peak at 80%.

☆ 最低点：

<*n.*> bottom，hemline，…

<*e.g.*> In 1978, the number reached its bottom at 20%.

☆ 最大值：

<*adj.*> maximum，the largest，…

<*e.g.*> China had the largest number /percentage /proportion of students.

☆ 最小值：

<*adj.*> minimum，the lowest，…

<*e.g.*> Company A made the lowest sales figure in five companies.

☆ 倍数：

同一对象自我比较：double，three times，…

The profit doubled from March to May.

The profit increased three times from March to May.

不同对象之间的比较：twice，three times，…

The number of students of class A is twice as much as that of class B.

There are twice as many students in class A as in class B.

Its GNP was 100 times smaller than the USA's and its infant mortality rate was 10 times greater.

❷ 图形描述类语言

☆ 流程必备名词：

course, process, procedure, stage, step, approach, …

☆ 流程套用词汇：

firstly, secondly, thirdly / finally, …

the first step is to …, the next step is to …, the last step is to, …

the first stage involves …, in the following stage …, in the last stage, …

to begin with …, then …, later, …

at the same time …, while …, during, …

before …, after, …

such …, consequently, …

in course of …, in order to …, so as to, …

☆ 功能说明词汇：

aim, purpose, function, efficacy, effect, operation, style, …

☆ 地图专用词汇

distance, corner, pass, pass through, crossing;

architecture, building, floor;

river, lake, fountain;

railway station, bus stop, shipside;

street, path, road, avenue, drive;

north, south, east, west;

town, village, city, capital;

supermarket, mall, plaza, square, open market; …

❸ A类小作文常用句型

☆ The chart / table / diagram shows the ...

☆ As illustrated in the graphs / charts, ...

☆ The table provide some interesting figures regarding ...

☆ The bar / pie / line / spot chart depicts that ...

☆ The bar chart indicates the tendency of ...

☆ As can be seen in the diagram, the two curves illustrate the fluctuation of ...

☆ The number of ... increased sharply / gradually from 1995 to 1998.

☆ The number of ... jumped to ...

☆ In 1995, the number of ... rose from 15,000 to 20,200.

☆ Compared with 2004, ... increase dramatically to 55 per cent.

☆ The figure remain steady at ...

☆ The number of ... peaked at 1,000 in 2006.

☆ There is a significant decrease in the percentage of ...

☆ A tempestuously increase occurred from 2002 to 2004 for ...

☆ From 2003, there was a gradual decline reduction in the ...

☆ A has approximately the same number of B.

☆ The number of A is twice as much as that of class B.

☆ The number of ... doubled from 2000 to 2004.

☆ The situation bottomed at ...

☆ There is an upward tend in the percentage of ...

☆ From the charts, we can conclude that ...

❹ 小作文佳段

Accorfing to the Australian Journal of Public Health, 18% of patients visiting alternative therapists do so because they suffer from musculo-skeletal complaints;

12% suffer from digestive problems, which is only 1% more than those suffering from emotional problems. Those suffering from respiratory complaints represent 7% of their patients, and candida sufferers represent an equal percentage. Headache sufferers and those compaining of general ill heath represent 6% and 5% of patients respectively, and a further 4% see therapist for general heath maintenance.

Source: Cambridge IELTS 4

这一段文字摘自《剑桥雅思4》中Test 2 的Reading Passage 2。这是一段非常典型的学术报告类型的数据描述，里边有很多医学专业词汇，实际上这些词汇在图表中都会标出来，而我们也不需要知道它们都具体指的是什么，只需要做一个填空就可以了。考生在平时的阅读中也可以多留意和学习数据描述类的佳句。俗话说，"书读破万卷，下笔如有神"。平日积少成多，厚积薄发，在考试中就可以做到胸有成竹、游刃有余了。

本篇结语

本篇介绍了A类雅思写作Task 1部分的题型和写作方法。A类小作文看起来题型较多，变化也比较多，其实只有两种题型：图表数据题和图形描述题。考生在准备A类小作文的时候，只要掌握两点就可以了。第一点是分析和解读图表的能力。在分析和解读图表时主要是读懂图，将有用的信息找出来，看看什么是明显的数据，什么是需要对比的，或者主要流程/步骤是什么，等等。第二点是在复习时准备好模板，把筛选出来的信息直接套入模板之中，一篇小作文会很快成型。

相比大作文来说，小作文更容易拿到高分。小作文的所有信息都在题目中，不需要考生构思主题，寻找论点，平时功夫下到了就可以直接起笔。只要完整地描述了图片的重点信息，作了合理的比较，没有重要信息遗漏，语言比较通顺，仅有少量的错误，字数达到150个单词，基本就能够达到7.0分以上。

这些要求并非难以满足。而大作文就不一样了。对于大作文来说，7.0分还是一个比较高的分数，并且不是简简单单就能达到的。考生不妨练习好小作文，一来能够为写大作文挤出一点时间，二来也能在大作文发挥不佳的情况下对写作总分做一些弥补。

第七篇
雅思G类小作文篇

第一节
G类小作文的要求和评分标准

G类雅思考试是专门为以移民英联邦国家为目的的考生准备的考试。与A类考试不同，G类雅思考试的主要目的是测试考生在英语国家的生活能力和交流能力，题目的内容更加日常化，实用化。

G类雅思考试与A类最大的不同之处就体现在小作文的形式上。A类是图表说明文，而G类是书信。本节将详细地介绍G类小作文的要求和评分标准。

❶ G类小作文的要求

G类小作文的要求主要有以下几点：

☆ 形式：书信；

☆ 字数：不少于150个单词；

☆ 时间：建议为20分钟；

☆ 不需要写明信件的地址；

☆ 考察考生在复杂的社会环境中的英语使用能力。

❷ G类小作文范例

我们通过一个典型的例子来说明G类雅思作文Task 1 的写作。

You should spend about 20 minutes on this task.

Your friend is going to visit your home town, tell him something about your home town before he comes.

- ***When do you recommend he should come?***
- ***Where do you recommend he should visit?***
- ***Invite him to meet your family.***

Write at least 150 words.

You do NOT need to write any addresses.

Begin your letter as follows:

Dear Andy,

Sample

Dear Andy,

I have received your letter dated Oct.2 and I am very happy to hear that you are coming to visit my home town. Before you come, I can give you some suggestions about your trip.

Firstly, according to my experience, you should come as soon as possible, because of my home town is very cold in winter, especially after November. However, the autumn here is very comfortable and beautiful. That will be perfect if you can come before the middle of November.

Secondly, there are some places worthy to visit in my home town, the valley, the university and the ancient castle. Do you know the castle is one of the four oldest castles in my country? It has more than 800 years history.

In addition, my father hopes to see you. So please do come to my home to have a lunch with my family.

I look forward to meeting you.

Yours affectionately,

Bob

(156 words)

❸ G类小作文的评分标准

G类小作文的评分标准与A类相同，主要有以下几项：

TA	Task Achievement（任务完成程度）；
CC	Coherence and Cohesion（结构与衔接程度）；
LR	Lexical Resource（词汇丰富程度）；
GRA	Grammatical Range and Accuracy（语法应用程度）。

需要强调的是，TA（任务完成程度）在G类写作中主要考核是否完全完成了题目布置的任务，说明了问题。考生只要在信件中将题目中所有的信息点都涉及到就可以了。

第二节 G类小作文的类型与写法

G类雅思小作文题目的类型只有一种：书信。不过，书信的种类有很多，根据写信的目的，我们将G类雅思小作文的题目分为以下几大类：

☆ 邀请函	invitation
☆ 感谢信	acknowledgment
☆ 致歉信	apology
☆ 投诉信	complain
☆ 申请信	application
☆ 其他	others

下面我们通过真题来认识一下这几种小作文的类型，并简要介绍各类型题目的写法。

❶ 邀请函（invitation）

邀请函是邀请他人来访或参加会议的信件，一般会涉及到时间、地点、安排、旅游过程和地方特色等细节。信件需要热情洋溢一些，表达写信人的真诚和期待。

2.1 You should spend about 20 minutes on this task.

Your British friend is planning to visit your country, write a letter to him to tell that:

- ***Invite him to stay with you.***
- ***Introduce some places to visit.***
- ***Give some suggestions.***

Write at least 150 words.

You do NOT need to write any addresses.

Begin your letter as follows:

Dear Ben,

❷ 感谢信（acknowledgment）

感谢信是为某事写信向对方道谢，一般需要称赞对方的帮助和工作，并且强调对自己的帮助以及自己的感激之情。

2.2 Write a letter to your friend to thank her for sending photos to you. You should also explain why your reply is late, and invite her to visit and stay with you.

Write at least 150 words.

You do NOT need to write any addresses.

Begin your letter as follows:

Dear Vicki,

❸ 致歉信（apology）

致歉信是对某事表示歉意并解释原因的信件。致歉信的态度要诚恳，需要解释清楚自己致歉的原因，并且期望得到对方原谅，可以在结尾补充下次有机会一定以其他方式补偿，或者表达对对方的美好祝愿。

2.3 You should spend about 20 minutes on this task.

There will be a party on next Monday for celebrating your colleague Lewis's leaving. However, you will have an important meeting on that day. Write a letter to tell him the reason why you can not attend the party. Give some advices about his job, and give your wishes for his future career.

Write at least 150 words.

You do NOT need to write any addresses.

Begin your letter as follows:

Dear Lewis,

❹ 投诉信（complain）

投诉信是由于某事造成了你的损失或麻烦，使你感到非常生气，希望通过写信投诉获得公平的解决方案。投诉信与感谢信和邀请信等不同，态度需要强硬一些，充分地表达你的失望与气愤，并且谴责对方的过失，强调自己的权益。当然，在表达愤怒的同时也要注意礼貌。

2.4 You should spend about 20 minutes on this task.

You have bought a camera in a Duty-Free store of an airport. On reaching home, you discover some problem with it. Write a letter to the airport authority to:

- ***explain the situation,***
- ***talk about your feeling,***
- ***express what you want to do.***

Write at least 150 words.

You do NOT need to write any addresses.

Begin your letter as follows:

Dear Sir or Madam,

❺ 申请信（application）

申请信也叫请求信(request)，是向对方提供信息并要求对方做某事的信件。例如：求职信、预订信等。请求信的态度应诚恳，并且详细列出自己的信息或要求，还要感谢别人的帮助。

You should spend about 20 minutes on this task.

Write a letter to a hotel manager to book a private room for your family party. You should tell him / her:

- ***what type of party,***
- ***what do you need in the room,***
- ***how much for the food and service.***

Write at least 150 words.

You do NOT need to write any addresses.

❻ 其他（others）

信件还有其他的形式，例如回复函件、祝贺信件等，形式都比以上几种简单，出现的概率也比较少。其内容也都多少包含以上几种形式中的一种或多种。只要掌握以上几种信函的形式，基本就可以应付其他的信函类型了。

第三节 G类小作文的常用表达

❶ 信件的格式

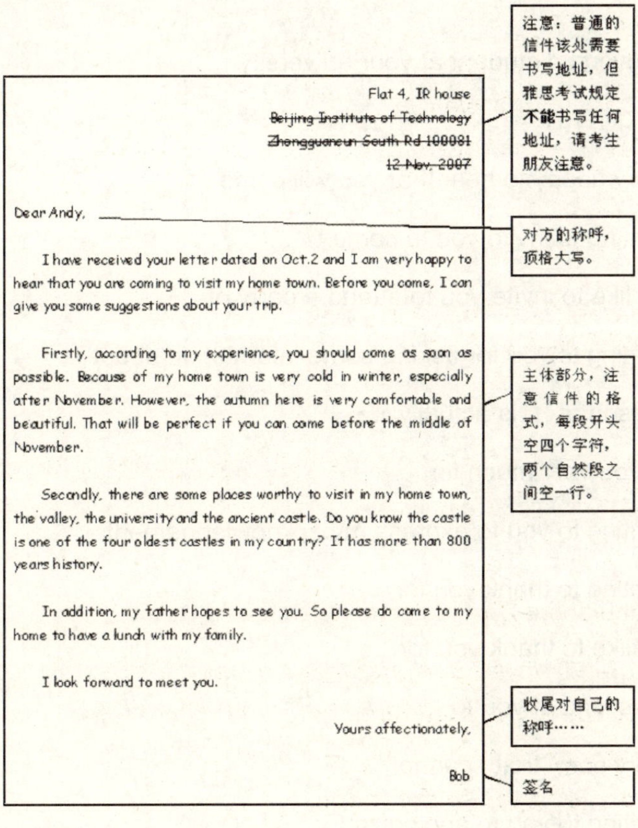

Flat 4, IR house
~~Beijing Institute of Technology~~
~~Zhongguancun South Rd 100081~~
~~12 Nov. 2007~~

Dear Andy,

I have received your letter dated on Oct.2 and I am very happy to hear that you are coming to visit my home town. Before you come, I can give you some suggestions about your trip.

Firstly, according to my experience, you should come as soon as possible. Because of my home town is very cold in winter, especially after November. However, the autumn here is very comfortable and beautiful. That will be perfect if you can come before the middle of November.

Secondly, there are some places worthy to visit in my home town, the valley, the university and the ancient castle. Do you know the castle is one of the four oldest castles in my country? It has more than 800 years history.

In addition, my father hopes to see you. So please do come to my home to have a lunch with my family.

I look forward to meet you.

Yours affectionately,

Bob

❷ 信件开篇

☆ How are you recently?

☆ I hope everything is fine.

☆ Does everything go well?

☆ I have received your last letter dated …

☆ Your last letter is now in hand.

☆ How are you getting on with …

☆ Thank you for your letter dated … of …

❸ 介绍自己

☆ My name is …

☆ I am a …

☆ I am a oversea student at your university …

❹ 说明写信的目的

☆ I am very happy to hear that you will come …

☆ I am writing to invite you to come to …

☆ I would like to invite you to attend a party of …

☆ I am writing to you for asking some information about …

☆ The reason of … is actually …

☆ Thank you very much for …

☆ I am writing to you to express my acknowledgement.

☆ I am writing to thank you for …

☆ I would like to thank you for …

☆ It was so kind of you to …

☆ I am very sorry that I cannot …

☆ I am writing to you to apologize for …

☆ I am terribly sorry that I was unable to …

☆ I fell awful …

☆ I am very ashamed of …

☆ I am very regret that …

☆ I am writing to complain that …

☆ I am afraid I want to make a complain about …

☆ I am very angry about …

☆ I am afraid I have to tell you that …

❺ 提供联系方式

☆ Please contact me at 139xxxxxxxx.

☆ If there is any question, please call me at 139xxxxxxxx.

❻ 收尾句

☆ I look forward to meeting you.

☆ I look forward to hearing from you soon.

☆ I expect to hear from you shortly.

☆ Please let me know that … as soon as possible.

☆ I hope …

☆ I would be most grateful if you can …

☆ Thank you very much for …

☆ I am sorry again that …

☆ Best wishes for you.

☆ With my regards.

☆ Thank you for your time and consideration.

☆ Please let me know if …

❼ 称谓

☆ Dear Tracy

☆ Dear Sir or Madam

☆ Dear Mr. / Mrs. / Dr. / Miss. / Ms. …

☆ Yours

☆ Yours affectionately

☆ Sincerely yours

本篇结语

G类雅思小作文的题目仅有书信一种形式，而书信的格式高度统一，用语也比较规范和简单，准备起来并不需要花费太多时间。考生可以背下一篇范文，熟记信件的格式，然后将本篇介绍的各种类型信件的常用表达记下来，再通过两三篇写作练习，就可以将信件写作的方法掌握了。

值得一提的是，无论是A类考生还是G类考生，都应该掌握本篇的内容。因为只要是在英语国家生活，就不可能不涉及信件。在大学里，许多申请、通知、邀请都是以电子邮件作为媒介的，虽然形式比信件更加简单，但其基本写作方法与信件是一样的。在生活中，各类邀请、感谢、致歉、投诉也很多，信件的应用更广泛。在工作中，也会涉及到各类应聘信、辞职信、邀请信等等。所以，本篇的内容不仅能够应试，而且是常用和实用的写作技巧。

第三部分

范文与题库

第八篇
雅思写作范文篇

学习方法有很多种，但不论是什么样的学习，都是从模仿开始的。木匠学习打柜子，是从看师傅打柜子学起的；中医学习坐堂，是从看老中医把脉学起的；我们学习windows操作系统，也是看别人做一遍之后自己模仿才学会的。那么雅思呢？雅思也一样。其实语言本身就是从模仿开始的。不过，中国不是一个英语国家，因此在生活中我们没有模仿的对象，只好自学。相对于模仿，自学的效率要低几倍甚至几十倍，这就是为什么许多中国人学了十多年英语还不如英语国家一个四五岁的孩子口语好的原因。

写作是一种较主观的书面表现形式，写作的学习就更需要模仿。不幸的是，中国并没有老师手把手教考生学习英语的条件，也没有太好的样板给学生作为模仿对象。

对于这种情况，考生应当找一些适合自己的范文进行模仿。好的结构、好的句子、好的用词都可以摘抄下来，变成自己的素材。

问题是选什么样的范文呢？8.0分范文？9.0分范文？那要看考生本身是什么水平了。如果考生本身的水平在5.0分～6.0分左右，那么很可能8.0分～9.0分的范文连看都看不懂，更不要提模仿了。即使勉强照搬句型也会出现语法错误，使原本就不高的分数变得更低。要知道，一些8.0分、9.0分的范文是英语专家们平时花上两个小时写出来的东西，改了又改，推敲了又推敲，这样的文章考生可能在考场上写出来吗？那些华丽无比的句式和精彩绝伦的词汇只能用来赏析，并不一定适用考生学习。在考试时，很少有考生能够在短时间内构思出那么完美的句子。

那么什么才是适合考生学习和模仿的范文呢？应当是主题、结构非常出色，但是用词、语法相对简单的作文。或者说，如果考生目前的水平在5.0分～6.0分左右，期望通过努力达到6.5～7.0分，那么，选择7.0分～7.5分左右的作文进行模仿才是最适合的。

在选择范文的时候，考生应该注意以下几点：

☆ 选择自己能够看得懂的范文；

☆ 选择和自己掌握的词汇量匹配的范文；

☆ 选择结构框架比较好的范文；

☆ 选择字数合适的范文（小作文150～180words，大作文250～300words）；

☆ 选择与自己期望达到的目标分值相等的范文。

本篇作者精选了20篇得分在7.0分～8.5分之间的范文（10篇Task 1、10篇Task 2）。得分在7.0分左右的范文在语言、用词上并不出色，但是在结构上和主题上都还是相当严谨的，这些文章适合基础比较弱一些的考生参考。而评分在8.0分及以上的范文，用词和句式都已经达到了相当地道的水平，其中有几篇是由作者草拟提纲并由外籍教师写作完成的。这部分范文适合目标更高一些或者期望在词汇和句型上有所造诣的考生参考。最后，本篇还收集了一些考生的作文，并且附有评分和批注，考生可以通过参考他们的作文看看自己是否也存在同样的问题，以便写作水平有所提高。

※ 本部分所涉及范文讲解，其序号按老师讲解顺序排列。

第一节

A类雅思写作Task 1范文

范文1

You should spend about 20 minutes to write this task.

> ***The table and chart show the result of a survey about students in Australian universities using online facilities.***
>
> ***Summarise the information by selecting and reporting the main features, and make comparisons where relevant.***

Write at least 150 words.

The main purposes of using online facilities

	search academic resources	leisure	shopping	obtain news	others
2001	34%	25%	7%	18%	16%
2002	41%	21%	14%	18%	6%

The location of using online facilities

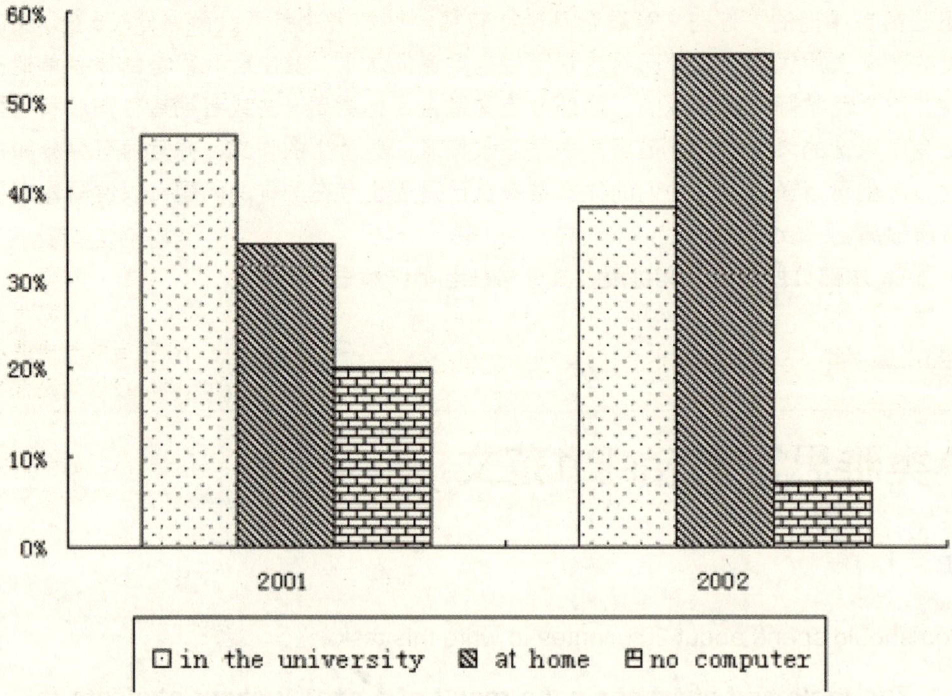

Sample	
①The two charts illustrate the status of university students using online facilities during 2001 and 2002 in Australia.	①一句话简要说明图片描述的主要内容。
②The first table shows the main purposes of students using online facilities. ③About one third students used online facilities to search academic resources in 2001, and the percentage increased to 41% in 2002. The second major aim is for entertainment in both 2001 and 2002, ④while the number of students choosing online shopping doubled during that time. The percentage of obtaining news was remaining at 18%.	②第一句话说明了该段主要描述的内容是第一张图片。 ③通过仔细观察，运用比值或分数就显得比照搬表格里的数字更高级。 ④通过倍数描述年增长率，很好地将不同年份之间的同一项目联系在一起。
The second graph shows the location of students using online facilities. In 2001, most students preferred using computer in the university. About one third students ⑤liked ⑥browsing websites in home, and other 20% student did not use computer. In 2002, the percentage of home user raised to approximately 55%, ⑦which had became the largest group of using online facilities. Besides, there were decreases for both campus user and non-computer user. (158 words)	⑤适当地使用动词词组比照搬枯燥的数字更富有活力。 ⑥browse意为“浏览”。此处也可用surfing，意为上网冲浪。在适当的时候展示一些高级词汇可以为语言加分。 ⑦适当地使用从句能够使句子的结构显得灵活多变，但是要留意语法错误，不要滥用。

Total Score: 7.0

TA（任务完成）：8.0；

CC（结构层次）：7.0；

LR（词汇语言）：7.0；

GRA（语法应用）：6.0。

简评

本文的得分为7.0分。文章基本说明了图片所描述的问题，没有重要的信息遗漏。整体行文比较流畅，词汇和结构也都不错，没有严重的语法错误。但是，文章对每一个图片的描述略显琐碎，每一段的层次感不是很强。

范文学习精要

❶ illustrate *v.* 描述，解释

❷ status *n.* 情况

注：该词为A类小作文的高频词，应用范围非常广。

❸ main / major purpose 主要目的

❹ half / one third / a quarter 一半 / 三分之一 / 四分之一

❺ double *v.* 翻倍

注：这里double是形容词作动词使用。

❻ browsing / surfing 浏览网页 / 上网冲浪

注：这些新兴词汇在大作文中尤其实用。

❼ approximately *adv.* 大概地

注：常用词汇，也可使用roughly，about等。

范文2

You should spend about 20 minutes to write this task.

The table below shows the Ranking World-Wide for the Living Standard of Partial Cities in China. There are total 215 countries taking part in the survey.

Summarise the information by selecting and reporting the main features, and make comparisons where relevant.

Write at least 150 words.

City	Ranks in 2005	Ranks in 2004	Index in 2005	Index in 2004
Hong Kong	70	70	93.5	93
Taipei	79	80	85.5	85
Shanghai	102	107	78.5	76
Beijing	132	132	69	67.5
Guangzhou	135	136	65.5	64.5

Sample	
The chart presents how index percentage and worldwide ranking, ①with the living standards of some major cities in China out of 215 counties involved in the statistical survey, changed between 2004 and 2005.	①文章开头交待图表描述的主要内容。这里通过with…插入了一个短句，使原本是两句话的内容在一句话里完成了表达，形成了一个复合句。
②Differentiation is the key index. There are 2.5%, 1% and 0.5% increases for five cities since 2004. Respectively, in 2005, Beijing and Shanghai are on the top among them reaching at 69% and 78.5%, the most mushrooming places in terms of living standard. Next come Guangzhou, at 65.5%, followed by Hong Kong and Taipei, at 93.5% and 85.5%, ③revealing the fact of comparatively slower growth of economy in Southern China.④	②段首用精短的句子直接指明主要的不同。长短句的交错使用使文章的语言显得丰富灵活。 ③本文使用了大量的-ing形式作引导的句子，使语言和句式显得多变。 ④本段按照Index增量的多少依次叙述了几个城市的living standard增长情况，一来非常有序，二来也很周到。其中使用的连接词汇也非常地道，例如respectively，next come，followed by …。
Globally speaking, the ranking survey ⑤always correlates with index changes. Not surprisingly, Shanghai ⑥dramatically rose from 107th to 102nd, ⑦while Beijing and Hong Kong remain unchanged at 132nd and 70th. Guangzhou and Taipei ⑧share the same luck with one-step upward to 135th and 79th.	⑤这里的表达很地道，意为“……总是和……分不开的”。 ⑥dramatically rose意为“戏剧性地增长”，表现了增长有如破竹之势，令语言更生动。 ⑦while一词有效地衔接了上下句，也省去了一些不必要的词汇重复。 ⑧share…意为“分享”，虽然是一个非常简单的词汇，用在这里却显示了作者的用词功底。
In a word, these figures are evident of both ascending domestic living standards and correlation with international status in major metropolises of China, as a statistical study and reference. (172 words)	文章写到这里已经可以收尾，但是字数只有140个单词，于是可以加上一个简单的总结，用20～30个单词就可以了，而且也能使文章结构更加完整。

Total Score: 8.0

TA（任务完成）：8.0；

CC（结构层次）：8.0；

LR（词汇语言）：8.0；

GRA（语法应用）：8.0。

简评

本文是一篇非常地道的A类雅思小作文，完整全面地说明了问题，全文层次非常清晰明快，段落内部结构也非常有序。文章的用词非常灵活，作者的词汇量相当丰富，句式也富于变化，彰显了作者深厚的英文功底。

范文学习精要

❶ 使用with插入短句形成复合句

第一句：The chart presents how index percentage and worldwide ranking changed between 2004 and 2005.

第二句：The chart shows the living standards of some major cities in China out of 215 counties involved in the statistical survey.

使用with将第二句镶嵌进第一句：The chart presents how index percentage and worldwide ranking, with the living standards of some major cities in China out of 215 counties involved in the statistical survey, changed between 2004 and 2005.

❷ respectively *adv.* 分别地，各自地

❸ mushroom 原意为“蘑菇”，这里作动词用，形容有如蘑菇一样生长。

❹ xxxxly speaking 从xxxx的角度来说

例如：generally speaking，globally speaking ...

❺ share *v.* 分享

注：share的用处非常广泛，用好这个词可以为自己的语言加分。

❻ in a word 一句话，表示总结。

范文3

You should spend about 20 minutes to write this task.

> ***The chart below shows the Dow Jones US Soft Drink Index. Write a report for the public describing the information shown below.***
>
> ***Summarise the information by selecting and reporting the main features, and make comparisons where relevant.***

Write at least 150 words.

Historical Stock Chart - Dow Jones US Soft Drink Index

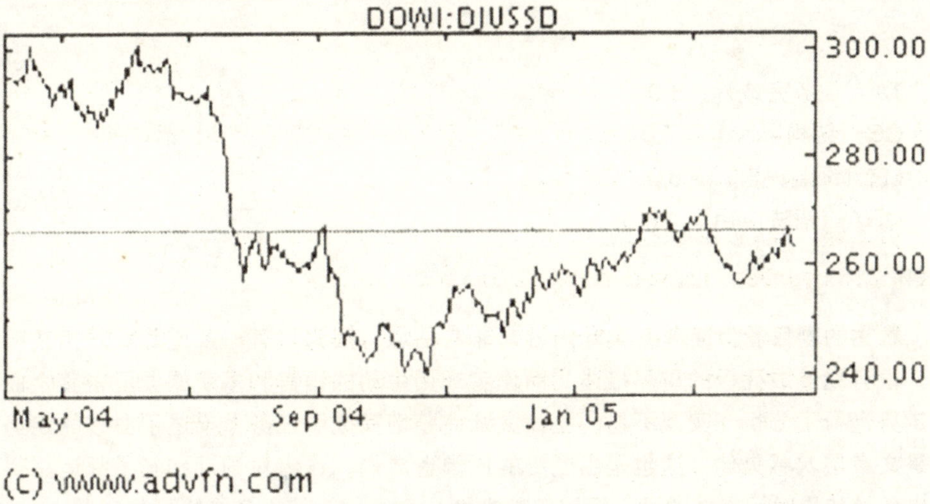

Sample	
According to the results of the Dow Jones US Soft Drink Index published, the following changes ①can be observed from it.	①这里使用了一个被动语态can be observed。在文中使用主、被动语态的变换，可以使语言显得更加富有变化。
In May, 2004, US Soft Drink had approximately 290 points, which ②performed well but fluctuated at the difference of 10-15 points till July. However, ③a disaster came by a sharp decline, the index dramatically down to 265 points. Thus, it remained beneath that level with further small fluctuation till Sep., 2004, back up	②performed well意为"表现不错"，也可使用characterized well。 ③在这里使用disaster可以形象地比喻跌幅之巨大，有如灾难一般。

to 265 points luckily. Nevertheless, situation went worse by another drop at the bottom of history, 240 points. From then on, it finally ④strived for miracle after November, 2004, climbing up to 265 points above the break even in March, 2005, although trembling up and down during the period. Again, ⑤ it went through another minor shock down to 259 points in April, but soon, tried hard and rise up to the break even again around May, 2005. (151 words)	④strived for miracle意为“努力创造了奇迹”。 ⑤这里要表现“经过一段小的波动”，没有使用after a short fluctuation，而是使用了it went through another minor shock，避免了与前文出现过的fluctuation重复，并且用动词的形式（went through）形象地赋予了道琼斯股指线以生命力，好像鱼儿一样上下穿越，使语言增色不少。

Total Score: 8.0

TA（任务完成）：8.0；
CC（结构层次）：7.0；
LR（词汇语言）：8.0；
GRA（语法应用）：8.0。

简评

本文的题目看似简单，实际内容却非常枯燥，因为只有一条道琼斯股指线在波动，很容易造成死板的重复描述。而作者却用生动的语言和多变的词汇将整个曲线的走势进行了分析，实属不易。整篇文章完整地完成了任务，描述了曲线的走势。但是文章层次感欠佳，这也是由题目的原因造成的。作者对词汇和句子都运用得非常出色。如果时间充裕的话，可以简单地续 个结尾，使文章结构更加完整。

例如：The major conclusion based upon the Dow Jones Index, is that US Soft Drink has been experiencing a tough time in business with 150 points lost in stock since July 2004.

范文学习精要

❶ according to the results of ... 根据……的结果，是作文中引用数据的常用表达方法

❷ fluctuated at the difference of 10-15 points 在差值为10～15的范围内波动

❸ remained beneath ... 保持在……之下

❹ nevertheless *adv.* 仍然

❺ climbing up to ... 一路攀升到了……

❻ shock *n.* 震动

注：可用来代替fluctuation，防止一词反复使用。

范文4

You should spend about 20 minutes to write this task.

The charts below show the number of Chinese students studying abroad from 1997 to 2006 and the percentage of subjects they chose.

Summarise the information by selecting and reporting the main features, and make comparisons where relevant.

Write at least 150 words.

Number of Chinese Students Studying Abroad (in thousands)

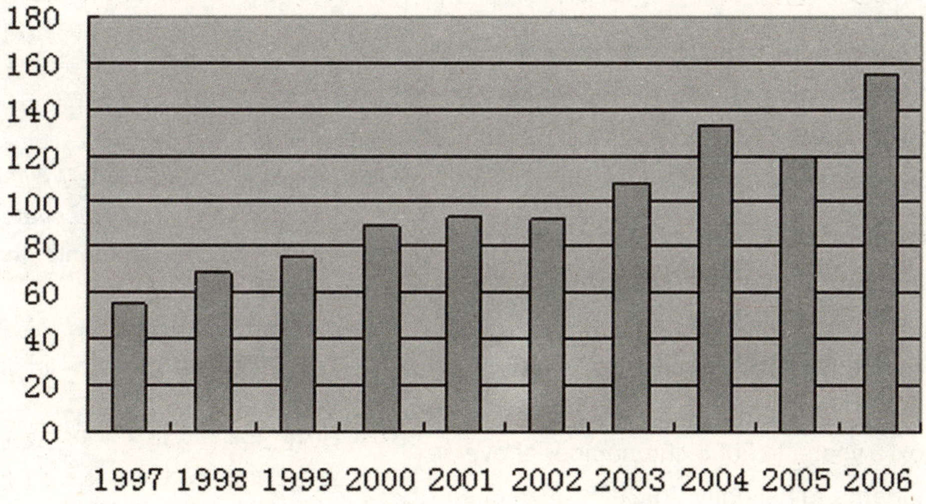

PERCENTAGE OF SUBJECTS（1997～2006）

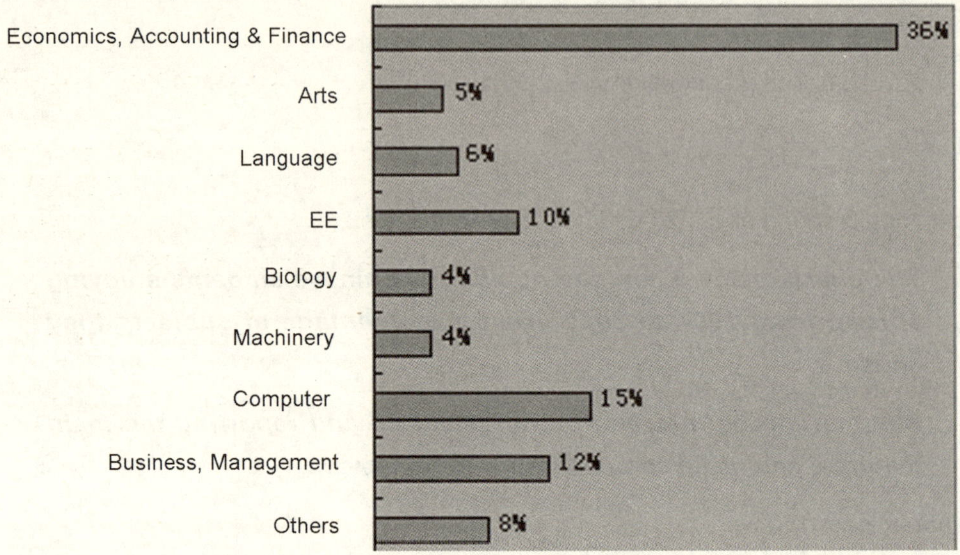

Sample	
The two charts reveal the number of Chinese students going abroad for higher education in last 10 years and the percentage of majors they chose. The first graph shows that the number of Chinese ②oversea students increased gradually in the last decade. There was a ③moderate growth from 1997 to 1999, and stayed constantly at about 90,000 in the next 3 years. In 2005, the number of oversea students fell slightly. In 2006, it peaked at 155,000, ④which was about three times as much as that in 1997.	①文章开头一句话指明图表内容。切忌照搬题目要求中的句子，要用自己的话复述。本文将题目要求中的students study abroad改为了students going abroad for higher education，将subjects替换为了major，避免了重复。 ②这里又出现了一种表达方式oversea students，再次避免了students study abroad的重复使用。 ③moderate growth意为“缓缓的增长值”，也可使用slight growth，gradual increase等。 ④从句的使用为语言增色不少。这里巧妙地把增长的倍数关系插入到句子之中，不但达到了比较的目的，也造出了复合句。考生不妨记住这种句型。

The second graph describes the proportion of subjects chosen by oversea students. Obviously, the most popular major was Economics, Accounting and Finance, ⑤ which occupied more than one third of total. In the second place, 10 to 15 percent students chose EE, Business, Management and Computer as their courses. ⑥Language, Machinery, Arts and Biology were taken by a few oversea students for each, and another 8 percent students chose other areas as their ⑦directions. (161 words)	⑤occupy意为"占据"，在这里表示"占总数的……"，使用类似的动词可以让文章具有活力。 ⑥这里的as their courses表示"选……作为他们的课程"，courses在这里是替代上文出现过的subjects和majors而使用的，有效地避免了词汇的重复。 ⑦diriction意为"专业方向"，也是作为subjects等词的替代词出现的。

Total Score: 7.0

TA（任务完成）：8.0；
CC（结构层次）：7.0；
LR（词汇语言）：6.0；
GRA（语法应用）：7.0。

简评

本文是一篇中规中矩的A类小作文，非常适合英语基础一般的考生作为写作的参考。因为本文所使用的词汇和句型都非常基础，没有太多高深的词汇，也没有过于复杂的句式，通篇文章显得朴实无华。但是文章基本捕捉到了图表中的信息点，并且有层次地进行了描述。不足之处就是语言不够地道，虽然文章基本表现不错，但无论从语言上还是从语法上来看离8.0分的档次还差一截。

范文学习精要

❶ gradually *adv.* 缓缓地

❷ decade *n.* 十年

注：考生可以多掌握这类词汇，如dozen（一打，十二个），trinity（三个），quadrennium（四年）等等，在考试时使用可以显出词汇的优势。

❸ stayed constantly at … 稳定地保持/维持在……

❹ peak *v.* 登顶，达顶

注：此处为名词作动词使用。

❺ obviously *adv.* 显著地

❻ occupy *v.* 占领

❼ occupation *n.* 职业

❽ course, subject, major, direction

等都可以用来表示“课程”和“专业”的意思

❾ 课程专业名词的第一个字母要大写

例如：Math, Economics, Finance, Engineering …

范文5

You should spend about 20 minutes to write this task.

The histogram shows the percentage of people from Columbia and Ireland who have criminal records at different ages, and the pie chart indicates the percentage of people in those two coutries in prison in 2002.

Summarise the information by selecting and reporting the main features, and make comparisons where relevant.

Write at least 150 words.

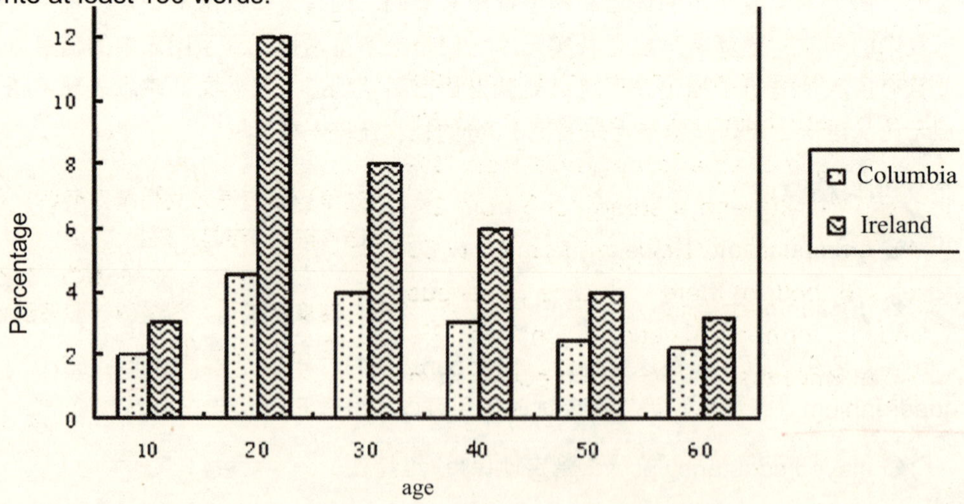

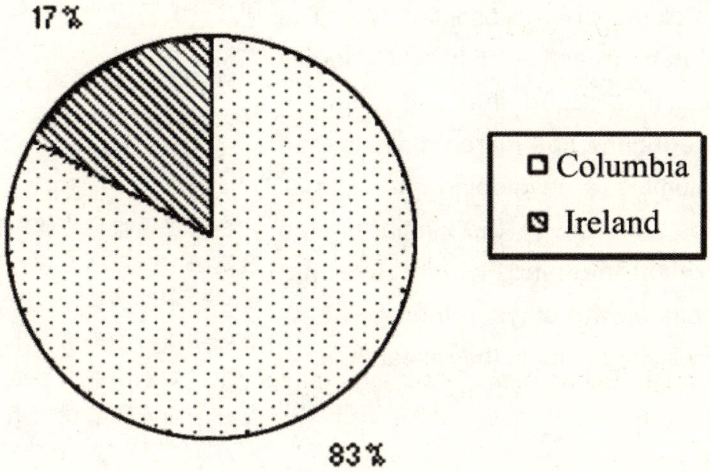

Sample	
①Two diagrams are shown from two aspects, namely, the correlation of age and percentage, plus the aggregate percentage in 2002 study of criminals, compared between Columbia and Ireland.	①文本反常地使用了一个被动句开头，并且使用了一个很长的复合句，使文章从一开始就能够给读者以新颖的印象，从众多千篇一律的文章中脱颖而出。
From the histogram, Ireland and Columbia share the ascending trend from age 10 to 20, ②showing a dramatic upgrade from 3% jumping to 12% and a steady one from 2% to 4.5% respectively. However, from 20 to 60 years old, both of them ③decline in various speed, the former is in deceleration from 12% to 3.5%, while the latter shows regularly from 4.5% to 2%.	②这里的动名词形式使用得很好，有效地将句子串连起来。 ③decline in various spped意为“以不同的速度衰减”。简单的一句话形象地描述了图中的变化。

As the pie chart reveals in 2002 aggregate of criminal, obviously, Ireland took up to 83%, but Columbia only presented 17%. The difference is huge and evident. ④Generally concluded, it is found that a developed country like Ireland has more criminals than that of Columbia, a developing one, ⑤in all age group. ⑥Moreover, the similarity also has its critical meaning, which says that criminal peak always stays in the age of 20, no matter which country in the research. (172 words)	④第二个图并没有多少内容，把话翻来覆去地说是没有意义的，作者在这里添加了一个总结，以满足字数上的要求。 ⑤作者在前边遗漏了一个重要的信息，就是对于所有年龄段来说，Ireland的犯罪率都比Columbia要高，在这里补上，为时不晚。 ⑥在这里再次突出第一张图的犯罪率最高峰，有点睛之意。事实上这里只是字数不够的续尾，但是却被作者巧妙地化腐朽为神奇。考生不妨学会这一手，如果小作文字数不够又已经定型，不妨将图表最突出的特点再次强调，既能够巧妙地掩饰自己结构布局的失误，又可以点出文章的重点所在。

Source：3G雅思网(www.3gbbs.com)

Total Score: 8.0

TA（任务完成）：8.0；

CC（结构层次）：7.0；

LR（词汇语言）：8.0；

GRA（语法应用）：8.0。

简评

本篇文章的语言是一个亮点，多处词汇和句式的应用都非常地道，有自己独特的语言风格。全文比较流畅，任务也完成得比较出色。唯一略显欠缺的是，在第二自然段对柱状图描述得过于简单了，不过作者在结尾的时候又对柱状图的突出特点作了补充，使文章显得完整。

范文学习精要

❶ the correlation of A and B　A和B的联系，可用于描述X轴和Y轴表现的对象。

❷ ascending trend　上升的趋势

❸ the former … the later …　前者……，后者……

❹ aggregate *adj.* 总和的，总体的

❺ similarity *n.* 相似之处

❻ the similarity / difference has its critical meaning, which says that …
相似/相异之处自有他们的客观意义，即是……

范文6

You should spend about 20 minutes to write this task.

The pictures below show how to build houses in different climates.

Summarise the information by selecting and reporting the main features, and make comparisons where relevant.

Write at least 150 words.

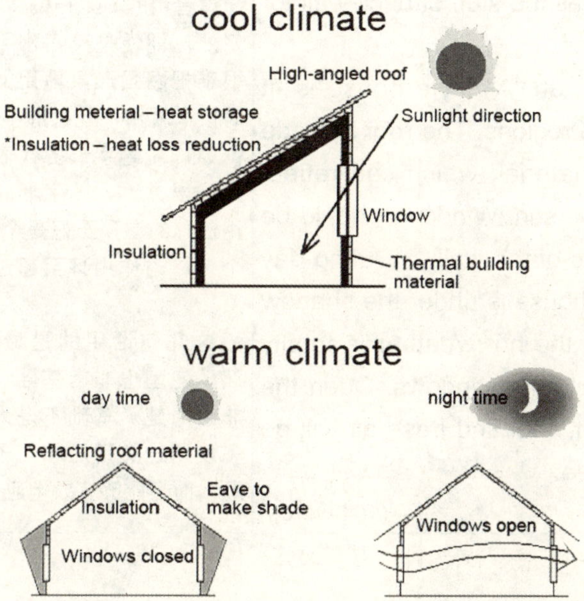

Sample	
As shown in the pictures, the structure of a house varies according to different climates.	
In the cool climate, the house needs a high-angled roof ①which is made from heat storage material. A large window ② with a sunny exposure should be set on the high side wall. There is no window on the other side. The wall facing the sun should be made of ③thermal material to absorb heats. On the other hand, the isolation material is used as the stuff of back wall for reducing heat loss.	①插入定语从句，将琐碎的句子有机地组合起来。 ②with a sunny exposure意为“向阳的，朝阳的”。 ③thermal这个单词可能不少考生不认识，不过在“看图写作”题中，只要照猫画虎就可以了。不会的词只要能猜出大概意思，照搬即可。thermal material意为“热感材料”。
By contraries, ④an “A” style house is fit for warm climate regions. The roof is made from isolation material, which can reflect the burning of the sun. Windows should be set on both sides of the wall. ⑤During day time, the whole house is under the shadow of eaves. Thus, the hot weather is totally kept out of the closing windows. Open the windows at night, cool and fresh air will go through the house. (164 words)	④作者用的A style棋高一着，使用得恰到好处。即便是英语水平再好的人有时也很难把图画形象地用文字描述出来，这时候，就用一些象形字母代替，例如A、V、U、L等字母各代表了一定的形状。在这里，“人”字形（中文也有这样的用法）的屋顶正好是个“A”的形状，这个字母的作用甚至超过了几行华丽的词藻。 ⑤这几句话用的是最简单的语言和词汇，句型也非常基础，但是意思表达得非常清楚。基础不是太扎实的考生不妨多使用这类词汇和句子，可以使文章通顺，而且能够有效地避免错误。

Total Score: 7.0

TA（任务完成）：7.0；

CC（结构层次）：7.0；

LR（词汇语言）：6.0；

GRA（语法应用）：7.0。

简评

本文基本说明了图片的内容和工作原理，所有的信息点也都覆盖到了，全文比较通顺，没有严重的问题。文章的语言比较简单，没有出彩之处，也没有突出的错误。句式变化比较少。总体来说，文章圆满地完成了任务，评分可以达到7.0分。

范文学习精要

❶ be made of 和be made from 的区别：

前者是指无法看出原材料的东西，发生的是化学变化，如：纸张；

后者则是可以直接看出原材料的东西，发生的是物理变化，如：木桌。

❷ with a sunny exposure 向阳的

❸ absorb *v.* 吸收

❹ by contraries *adv.* 相反地，相对地

❺ region *n.* 表示地区，同义的词汇还有district, zone, area, territory等等。

范文7

You should spend about 20 minutes to write this task.

The following diagram shows how silkworms are raised. Write a report for a university lecturer describing the information shown below.

Summarise the information by selecting and reporting the main features, and make comparisons where relevant.

Write at least 150 words.

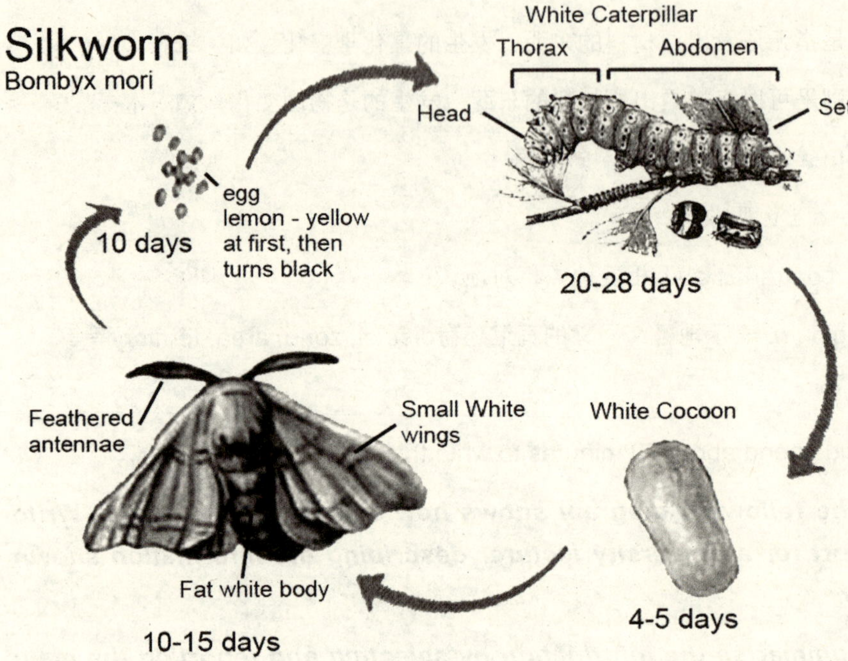

Sample	
The above flow chart generally illustrates that there are four stages of a silkworm's life cycle, ①which are eggs, caterpillars, cocoons and moths. ②The silkworm's life begins and ends, as the egg process within two months.	①插入一个从句，进一步解释和说明，比简单地用The four stages are … 要好很多。 ②这是一句非常巧妙的流程图开篇句式，… begins and ends, as … within … . 意为“……的生命循环周而复始，整个过程从……需要多长时间”，这句话也可以放在结尾。图中并没有给出整个循环的总天数，但是作者通过自己的观察，将这个重要的信息加进文章中，说明审题非常仔细。

The ③tiny silkworm larva hatches from the egg in lemon-yellow color initially which turns black later. It grows constantly for 20 to 28 days ④with distinct body parts such as head, thorax, abdomen and sets. During this stage, the white caterpillar molts its skin many times.	③tiny silkworm larva意为“小小的幼虫”，图中并无larva这个词，这里体现了作者的词汇功底。 ④作者用了一个with就将蚕的体貌全部列举出来，避免了单调而重复的一一列举。这样一笔带过还可以避免错用陌生的词汇。例如thorax和abdomen，这两个词就需要考生具备一定的词汇量才能认识，但是从图上可以猜出是胸部和腹部，即可直接搬到文章里。在流程图作文中，考生应当学会这种技巧。
Next, the cocoon stage occurs. The caterpillar then ⑤pupates and it spins a white silk cocoon around itself in a process taking 4 to 5 days. The silk seamlessly covers a hard shelled pupa.	⑤pupate意为“化蛹”，如果词汇量不足，可以使用becomes a cocoon来代替，同样能够说明问题，但是用词的级数显然差了一档。
Approximately 10 to 15 days after the formation of the cocoon, the adult silk moth will be ready to emerge, ⑥formed in feathered antennae, small white wings and fat white body. It reproduces eggs and dies within about ten days. (155 words)	⑥formed in...意为“成……形的，……构成的”，这一用法简单实惠，比It has a ..., a ..., and a ...的句型要高级不少。

Source：3G雅思网(www.3gbbs.com)

Total Score: 8.5

TA（任务完成）：8.0；
CC（结构层次）：8.0；
LR（词汇语言）：9.0；
GRA（语法应用）：8.0。

简评

本篇流程图作文完整地描述了蚕的生命循环，生动地表现了其中的每一个步骤。文章的语言非常出色，一些词汇使用得非常准确而且地道。句式富于变化，整篇文章通体流畅。除去词汇上的优势，本文标准规范的流程图结构是非常值得学习的，本文的一些语言也比较出彩，可以摘抄下来，改写后作为流程图的常备句型存起来。

范文学习精要

❶ life cycle 生命周期

❷ tiny *adj.* 纤小的

注：被描述对象的大小在小拇指以下的时候使用该词较为精确。

❸ … initially, which becomes / turns … later. 首先……，然后就变成……

❹ during this stage 在此期间

同义词还有meanwhile, meantime, during this period，等等。

❺ 流程图的时态：较常用一般现在时，偶而为一般过去时。

第二节

G类雅思写作Task 1范文

范文8

You should spend about 20 minutes on this task.

You have bought a camera in a Duty-Free store of an airport. On reaching home, you discover some problem with it. Write a letter to the airport authority to:

- ***explain the situation,***
- ***talk about your feeling,***
- ***express what you want to do.***

Write at least 150 words.
You do NOT need to write any addresses.

Begin your letter as follows:

Dear Sir or Madam,

Sample	
Dear Sir or Madam, ①I am writing to complain about the camera that I bought last week in ②your airport duty-free store. ③As I reaching home, I tried to take some photos with the new machine and it worked very well. However, after a few second it powered off. I thought it might be automatic ④switching off, but I can not start it up again. I tried ⑤many many times but it did not work. The sign in that store says that goods with any problems can be replaced within 14 days. Unfortunately, I can not go back to your country in such short time. ⑥I feel very unhappy with the quality of the camera, and I have to say that my right has been aggressed. ⑦Personally, I want to return this camera and request the store to replace it with a good one for me and pay for all posting fees. If I can not get a satisfactory response soon, I have to claim a refund that I paid for the camera. Yours sincerely (169 words)	①开篇直接说明写信的目的：投诉。一般写投诉信开头参考这一形式即可。 ②作者这里注意到了题目给出的信息write a letter to the airport authority。收信人并非投诉对象，而是机场管理者。如果把商店当作写信的对象，整篇文章的方向就全错了。 ③As I reaching home表示“我刚刚到家”。 ④电子产品的“开”和“关”一般使用switch这个动词。 ⑤此处为重复用法，表示很多次，表达了作者急切和恼怒的心情。 ⑥表达了自己的不满情绪，回答了要求2。 ⑦Personally指“个人来说”，作者在这里提出了他个人期望的解决方案，回答了要求3。

Total Score: 7.0

TA（任务完成）：7.0；
CC（结构层次）：7.0；
LR（词汇语言）：6.0；
GRA（语法应用）：7.0。

简评

本文是一篇投诉信。文章说明了问题，表达了不满，并且提出了调换商品的要求，充分地完成了题目中的任务。但是，题目指明了是在机场免税店购物，出现问题想要调换或退货一般需要通过邮寄的方式，文中并未提及，只是提到了要求对方承担邮费。作者应当更加明确地指出调换物品的途径和方式。就全文来说，作者态度比较强硬，突出了不满的情绪，一些祈使句值得考生学习。

范文学习精要

❶ I am writing to complain about .... 我写信是为了投诉有关……

❷ power off / switch off 关机（多用于电子产品）

❸ I feel very unhappy with the quality of .... 我对……的质量感到很气愤。

❹ aggress *v.* 侵犯

❺ I have to claim a refund 要求退款

范文9

You should spend about 20 minutes on this task.

Your friend is going to visit your home town, tell him something about your home town before he come.

- ***When do you recommend he should come?***
- ***Where do you recommend he should visit?***
- ***Invite him to meet your family.***

Write at least 150 words.

You do NOT need to write any addresses.

Begin your letter as follows:

Dear Andy,

Sample	
Dear Andy,	
I have received your letter ①dated on Oct.2 and ②I am very happy to hear that you are coming to visit my home town. Before you come, I can give you some suggestions about your trip.	①dated on ... 意为“时间为某天的，某日寄出的”。 ②给朋友写信可以选用类似的热情洋溢又不失客套的话。
③Firstly, according to my experience, you should come as soon as possible. Because of my home town is very cold in winter, especially after November. However, the autumn here is very comfortable and beautiful. ④That will be perfect if you can come before the middle of November.	③本段开头就回答了题目的要求1，直截了当地告诉对方什么时间适宜。 ④That will be perfect if ... 意为“如果能够……就最好了”。
⑤Secondly, there are some places worthy to visit in my home town: the valley, the university and the ancient castle. ⑥Do you know the castle is one of the four oldest castles in my country? It has more than 800 years' history. In addition, my father hopes to see you. So please ⑦do come to my home to have a lunch with my family.	⑤本段开头回答了题目的要求2，建议对方去哪些地方游览。 ⑥适当地使用疑问句使书信显得更富有交流性，读起来更真实。 ⑦do在这里表示加强的语气，表示“你一定要来家里坐坐呀！”，书信中不妨适当使用“do”进行加强语气。
I look forward to meet you	
Yours affectionately, Bob (156 words)	

Total Score: 7.5

TA（任务完成）：8.0；

CC（结构层次）：8.0；

LR（词汇语言）：6.0；

GRA（语法应用）：7.0。

简评

本文是一篇比较规范的书信，完成了题目提出的要求，并且说明了所有应当说明的问题。格式、框架都比较正规，总体来说还是不错的。文章的语言非常简单，词汇显得平淡。但是在书信中一般用不到高级的词汇，盲目使用一些偏怪的词汇反而会造成不好的效果，使信件显得很"假"。文章的结构非常好，一段说明一个问题，值得学习。

范文学习精要

❶ I have received your letter dated on Oct.2.

我已经收到了你十月二日寄出的信。

注意学习dated的用法。

❷ I am very happy / excited / glad / pleased to hear that .... 我很高兴知道……。

❸ firstly ... secondly ... in addition ... 首先，其次，另外……

在题目中列示了需要说明的问题时，使用这种框架可以起到对重点的暗示作用。

❹ affectionately *adv.* 挚爱地（用于密友和亲人之间）

范文10

You should spend about 20 minutes on this task.

Your friend booked a ticket for you in theatre, but you could not go for some problem, you should apologize, and to say how to deal with the ticket. Write a letter to your friend, say your reason and your suggestion.

Write at least 150 words.

You do NOT need to write any addresses.

Begin your letter as follows:

Dear Ivy,

Sample	
Dear Ivy,	
①I am writing to you because I am unable to come to the theatre with you next week. ②I'm very sorry about that, ③I have to attend a very important meeting with my boss.	①开头首先表明写信的意图是致歉。 ②在致歉信中，表示歉意的语言是必须的。 ③致歉的时候应解释原因，并且请求对方原谅。也可以跟一句I trust you will understand。
Thank you for booking the ticket for me, and ④I know it is difficult to obtain such a nice place in the ⑤ first class zone. I'll pay for the ticket. ⑥As apology, I'll book two tickets of Jackson's concert which is going to be held in Shanghai next month. ⑦ You have my word.	④在致歉信中可以站在对方的角度考虑问题，表示对对方的工作表示感谢，理解对方。 ⑤first class zone意为"头等票区"，票区一般可以分为VIP zone（贵宾包厢）、first class zone（头等票区）和second class zone（普通票区）。 ⑥作为道歉，作者用as apology提出补偿方式。 ⑦You have my word 是非常口语化的说法，意为"我保证"，用在非正式信件中是可以的，也能体现作者和收信人的朋友关系。
By the way, I met Christina ⑧ yesterday and she said she would begin to enjoy her holiday for two weeks from next week. I remember that she was interested in the show but she hasn't got any ticket. ⑨If you like you can go with her, she will be crazy, I guess. Her new number is 139xxxxxxxx.	⑧在不涉及影响题目要求的情况下，如果字数不足150的时候，可以使用the day before yesterday等字数较多的短语替代字数较少的单词，目的只是多占一些字数。 ⑨这里是回答题目中say how to deal with the ticket的要求。
⑩I Hope you enjoy the show.	⑩这里可以祝福，也可以再次道歉。
Yours	
(153 words)	

Total Score: 7.5

TA（任务完成）：8.0；

CC（结构层次）：8.0；

LR（词汇语言）：6.0；

GRA（语法应用）：7.0。

简评

本文是一篇致歉信。文章表达了作者的歉意，并且提到了补偿方法以及票的处理，完成了题目的所有要求。文章使用的语气非常适合朋友间的通信，亲近而不失尊重，一些语句使用得恰到好处。

范文学习精要

❶ I am writing to you because I am unable to …. 我对我不能……表示抱歉。

❷ I have to …. 我不得不……。

❸ As apology, …. 为了表示歉意……。

❹ You have my word. 我保证。

注：仅可用于非正式信件。

第三节

A、G类雅思写作Task 2 范文

范文11

In recent year, the percentage of crimes committed by young people in major cities throughout the world is increasing. Discuss, give reasons and suggest solutions.

Sample	
The phenomenon of teenage crime has become part of modern, urban life. The causes of its increase and ① consequential methods of prevention have become common questions in social and political arenas. An accepted answer has thus far eluded governments ②but it is clear that the problem requires significant, further investigation.	①consequential methods of prevention意为"相应而生的预防方案"，词汇的使用级数显得较高。 ②这是一道解释类的题目，涉及到原因和解决方案，这一句话引出了下文的内容。

③As little as thirty years ago, the notion of teenagers committing crimes such as vandalism, robbery and murder seemed almost unthinkable. Societies around that period enjoyed greater security. In modern society however, ④it has become increasingly common for teenagers to be involved in serious crimes. ⑤The question is why?	③该句译为"仅仅是在三十年前，类似破坏、抢劫或者谋杀这样的青少年犯罪还是一个不可思议的概念"。The notion of ... 意为"关于……的概念"。句型As little as ... years ago, the notion of ... such as ... seemed almost unthinkable. 可以掌握，在作文中的应用范围还是比较广泛的。 ④it has become increasingly common for ... 意为"……已经变得越来越……"。 ⑤使用疑问句埋下伏笔是一种很好的引文方式。
Politicians and social scientists have produced various theories to explain thisphenomenon. ⑥Rising unemployment, social alienation and the increasing 'gap' between the rich and the poor have all been used to explain rising crime figures.	⑥在这里，作者指明了青少年犯罪的三个原因：失业增长，社会疏远和不断扩大的贫富差距。
Some argue that ⑦a combination of these factors contribute towards the precipitation of teenage crime. If this is the case, then ⑧how should this problem be addressed? In my opinion, teenagers must be included in the adult world in order to feel a sense of social belonging. ⑨They need to be treated as adults in order to learn how to behave like adults. ⑩If teenagers are treated like children, is it unreasonable of them to behave accordingly? I suggest that teenagers commit crimes because they lack the adult ability to take responsibility for their actions.	⑦a combination of these factors 意为"这些因素的联合效应"。 ⑧这里设问：怎样才能解决这个问题呢？旨在告诉读者：下面要说的是解决方案。 ⑨作者认为解决方案是要以成人的标准对待青少年，让它们变得成熟。事实上，在考试短短的时间内，是很难对这样一个棘手的社会问题找到多种解决方案的，如果找不到很多，也可以像本文一样仅仅列举一个方案。 ⑩"如果把他们当作小孩对待，又要求他们（像大人一样）表现，是不是太不切实际了呢？"这样的反问句加强了语气。

⑪Perhaps there is no single solution which will rid society of this menace, it is important however to continue to ⑫ strive for possible solutions. Until we understand what motivates teenage behaviour, it will be impossible to know how to solve this potentially lethal social problem. (274 words)	⑪结尾时指出，问题可能没有唯一的解决方案。在讨论社会类问题的解决方案时，应适当使用这类说法。 ⑫strive for possible solutions意为“努力寻找可行的解决方案”。

Source：3G雅思内测题

Total Score: 8.0

TA（任务完成）：8.0；
CC（结构层次）：8.0；
LR（词汇语言）：8.0；
GRA（语法应用）：8.0。

简评

这篇文章的亮点主要在于语言、词汇和语法都运用的相当地道，不少句型是非常值得学习的。文章的结构比较明晰，先引入题目，然后陈述了现象，进而阐述原因，给出可能的解决方案，最后结尾作进一步的展望。这种写法在解释类的题目中是比较有效的。

范文学习精要

❶ phenomenon *n.* 现象

❷ consequential *adj.* 结果的，相应而生的

❸ political arenas 政治舞台

❹ be involved in 陷于

❺ Politicians and social scientists have produced various theories to explain this phenomenon.

政治家和社会学家研究了各种各样的学说试图解释这个现象。

❻ address *v.* 从事，忙于，也有“解决”的意思。

❼ social belonging 社会归属

❽ unreasonable *adj.* 不合理的，不切合实际的

❾ accordingly *adv.* 因此，从而

❿ strive for ... 为……而奋斗

范文12

Every year, some languages die out. But some people say it is good, because less language will make communication easier and people do not learn a language anymore, do you agree or disagree?

Sample	
Some languages can be compared to ①endangered animal species, as they become increasingly rarer and finally, die out. ②But some argue that as smaller languages disappear and we move towards a single-language planet, international communication and understanding become easier. ③However, I feel that the eradication of smaller languages carries very negative implications.	①endangered animal species意为“濒危动物物种”，这里把一些正在消失的语言比作濒危动物，非常恰如其分。在其他一些话题，例如传统的XXX正在消失的题目中，也可以使用这种比喻。 ②摆出了题目中的观点：一些人认为使用一样的语言更易于人们进行交流。 ③转折，在首段的最后一句话摆明自己的观点：小语种的消失是有很多弊端的。the eradication of smaller languages意为“彻底根除小语种”。
④When a language is lost, we also lose an important part of our culture. Language is an essential tool, which allows people to identify with their own unique societies. ⑤It reflects the diverse and colorful characteristics, ideas and beliefs of different people. Therefore when a language is lost, we also lose an integral part of our own uniqueness and individuality.	④段落开始就说明本段分论点：小语种的消失就是一种文化的消失。 ⑤这里又对小语种和文化的关系加以解释，认为小语种反映了各国文化的特点与不同，以及不同民族的思想与信仰。

⑥It is also important to realize that language is a device which prevents stronger cultures from destroying smaller ones. ⑦For example, American culture is beginning to become the standard culture in many European countries, in particular England. This process is facilitated by the fact that the two countries ⑧share the same language. ⑨Countries like France have kept their own cultures and identities because they refuse to allow their language to be destroyed.	⑥第二个分论点：小语种可以防止大的文化侵蚀小的文化。这样的论点显得比较有深度，涉及到了民族和政治。 ⑦紧跟一个典型的例子，对分论点进行例证支撑。 ⑧share的应用范围很广，意为"分享"，只要涉及到共同使用都可以用share，这个单词在英文中是一个非常高频的词汇。 ⑨在前面的例证之后，接着再从对立面举一个例子，形成对比，对分论点形成更强有力的支持。
Besides which, ⑩shouldn't we learn to accept differences and celebrate diversity? ⑪Would our world be better or more interesting if we were all alike? I think that experiencing different cultures and environments is something that we can all learn from.	⑩使用反问句：难道我们就不能够接受差异和发扬多元化吗？ ⑪再次使用反问句：难道我们的世界变成所有人都一样就会更好或者更有趣吗？连续的反问，形成排比加强的气势。
⑫Perhaps then, it seems that greater effort should be made to preserve our endangered species. A balance of language and culture is essential, lest we find that we forever lose our rich cultural diversity. (258 words)	⑫Perhaps then意为"或许吧"，这样的语气也很适合议论文的结尾，比as a conclusion更灵活一些。

Source：3G雅思内测题

Total Score: 8.5

TA（任务完成）：8.0；

CC（结构层次）：8.0；

LR（词汇语言）：9.0；

GRA（语法应用）：8.0。

简评

本文是一篇一边倒的议论文，主题非常突出，但是却没有模板的痕迹。文章结构性并不是非常强，不过整篇文章十分流畅，体现了作者的写作水平。文章对问题的挖掘比较深刻，虽然只是区区250多字，却把问题分析的比较透彻，例证也比较准确。文章的语言非常出色，用词准确多变，句型丰富灵活，使用的一些反问、排比使文章更具有生命力。本文是一片值得学习和鉴赏的好文章。

范文学习精要

❶ endangered animal species *n.* 濒危动物物种

❷ rare *adj.* 稀少的

❸ die out 灭绝

❹ eradication *n.* 根除

❺ essential *adj.* 根本的

❻ unique *adj.* 独特的

❼ …, in particular XXX 特别是对于XXX来说

❽ diversity *n.* 多元化

❾ Would XXX be better if …?
难道……的话，XXX就能更好吗？（反问语气加强语势）。

❿ A balance of A and B is essential 在A与B之间需要一个平衡

⓫ lest *conj* 免得，以免

范文 13

In many countries, traditional foods are being replaced by international fast foods. This is having a negative effect on both families and societies. To what extend do you agree or disagree?

Sample	
McDonald's, KFC, and Burger King: these international fast foods are full of our daily lives. ①Unconsciously, many traditional foods have been replaced by fast foods. ②What a huge disaster it is!	①unconsciously意为“不知不觉中”，这个副词很好地承接了上下句。 ②“这是多么巨大的灾难啊！”一个简单的感叹句，一语道破了文章的中心主题，表达了作者对international fast food的强烈反对。

④Firstly, the ③mushroomed fast foods have very negative effects on societies. Since hundred years ago, the traditional foods have become one of the most important symbols of a culture. ⑤As we mentioning some countries, we can associate them with their famous foods, ⑥Peking duck of China, Sashimi of Japan, and Rome Pizza of Italy. But the international fast foods are occupying every corner of the whole world nowadays. In the near future, we can tell that all cultures will have a same famous food -- McDonald's. ⑦Such a normal kind of food is actually a culture aggression of most countries.	③mushroomed意为"迅速增长,激烈增殖",但其原来的意思为"蘑菇",这里将名词转化成动词使用,生动地描述了fast foods的增势之猛。 ④本段的第一句话揭示了本段的分论点:fast foods对社会有很坏的负面作用。紧扣全文中心,引出本段下文。 ⑤As we doing sth. / While we doing sth.,意为"当我们……的时候",放在句首作为引句可使句式富于变化。 ⑥举了几个简单的例子:北京烤鸭、日式鱼片、罗马比萨,很自然地让读者联想到美食,增加了对fast food的厌恶。 ⑦本段结尾又点到了分论点,与段首相呼应。
Secondly, ⑧it has been proved many times that the fast foods have negative effects on people's health, just as it' s dramatically named "junk food". As we all know that people need balance nutrition for every daily life, including vitamin, protein, and energy. Most traditional foods contain all kinds of those elements. But the fast foods contain too much fat and sugar.	⑧这是一个优秀的句子。句式富于变化,以被动开头,just as it's dramatically named "junk food"也镶嵌的恰到好处,而且作为一个自然段的段首句,恰当地阐述了分论点。
Thirdly, ⑨the international fast foods are bad for children. ⑩What's worse, most children consider fast foods as their friends. ⑪According to a survey in China, 100 per cent of children	⑨与前文一样,段首直接摆出分论点,简单明了。 ⑩What's worse意为"更糟糕的是"。 ⑪引入数据作为例证,加强说服力。

living in urban cities know McDonald's and KFC, 74 per cent of them like those fast foods. The fast foods not only robbed children's health, but also robbed their choice of other kinds of food.	
⑫Hoping it is not too late to take actions to against the aggression of the international fast foods. ⑬It is a food war, a culture war, for our lives, for our children, for our decreasing delicious foods, for our future world. (298 words)	⑫结尾作了一个展望："希望现在采取行动还不晚"，这类句式可以应用在许多作文之中。 ⑬运用排比句式，强烈的表达了对fast food的反对，甚至要将其视为战争。虽然显得略有过分，但用在结尾则形成了对主题的强力支撑。

Total Score: 7.5

TR（主题论证）：8.0；

CC（结构层次）：8.0；

LR（词汇语言）：7.0；

GRA（语法应用）：7.0。

简评

本文保守评分为7.5分。文章主题中心非常突出，全文围绕中心论证，语言论点对fast foods充满了攻击性，唯一缺点是略显主观。文章结构层次非常出色，简单有力，一目了然。文章的语言富于一定变化，词汇量比较丰富，但不够地道。文章的语法基本过硬，但个别地方有一些不规范的用法。文章整体行文有力，论证彻底，是一篇干练利索的优秀议论文范文。

范文学习精要

❶ unconsciously *adv.* 不知不觉地

❷ What a huge disaster it is! 感叹句可以充分地表现作者的感情色彩。

感叹句的应用方法：将how，what放置在句首位置，how后边接形容词和副词，what后接名词。

例如：How clever the dog is!

What a fine day today!

❸ As / while / when we are doing sth. 当我们……的时候

❹ culture aggression 文化侵略

❺ dramatically *adv.* 戏剧性地

❻ junk food 垃圾食品

❼ What's worse 更恶劣的是……

❽ not only ..., but also ... 不仅，而且

❾ Hoping it is not too late to take actions to prevent/against sth..
希望现在采取行动防止某事还不晚。

❿ It is a food war, a culture war, for our lives, for our children, for our decreasing delicious foods, for our future world.
排比句型，加强语势，突出主观意愿。

范文14

Air transport is increasingly used to export fruits and vegetables to some countries where cannot be grown or out of season. Some people think it is not justified. What is your opinion?

Sample	
①Airplane is the most effective means of transportation, which usually ②employed in transporting people, munitions or urgent medicine. ③However, the air transport is increasingly used to export fruits and vegetables nowadays, which has raised a big controversy.	①“飞机是最高效的交通工具”，这么说是因为飞机的速度确实有绝对突出的优势。注意一般情况下，应多运用one of the most ...句型，这样才显得客观。 ②employed用在这里要比用used好得多。use是最基础的用法，而employ也有“运用、使用”的意思，而且更书面，更正规。 ③前边交待了飞机的高效性，一般用于运输人、军需品和急用药物，然后强烈转折，摆出文章将要讨论的对象。

④Some people claim that transporting fruits and vegetables by airplane is not justified. Firstly, it is a great waste of money and resource. Compared to other ways, the price of air-express is much more expensive. ⑤For example, local apple only costs about 5 yuan (in RMB) per kg, and marine import apple costs 9 yuan, but the air-express import apple costs 35 yuan, which is seven times as much as the local product. Secondly, air transport is the biggest ⑥environment killer. According to a survey, the plane air pollution is at least three times as the vehicle. ⑦With the increase of greenhouse effect, shouldn't we improve our environment protection concept? Moreover, ⑧are those import foods so indispensable? In fact, all kinds of fruits and vegetables are made up of vitamins and sugar. The only differences are tastes and shapes.	④段落第一句话点明本段的主题，即分论点。显然，本段要说反对的意见。 ⑤这里举了一个生活中的例子，虽然显得不严格，但也很好地说明了问题。在雅思考试中，并不是所有的例子都需要严格的来源，自己的经历和见闻都可以举例。 ⑥“环境杀手”比较形象地说明了对环境造成的威胁。 ⑦“随着温室效应的加剧，难道我们就不应该提高自身的环境保护意识吗？”采用反问句的形式能够使语气更加强烈。 ⑧又是一个反问句，“难道那些进口的果蔬就那么不可或缺吗？”同样起到加强语气的作用。
⑨However, everything exists must be a reason. The air transport foods must have some advantages on the other hand. ⑩For consumers, they can taste some foreign foods without going abroad. For transporters, such operation can bring much income. For exporters, those orders could make their inventory become money. For governments, they are more than happy to receive tax from the trade.	⑨“存在既有原因”，一个转折引出了该自然段的主题。本段显然是要说空运蔬菜水果的advantages。 ⑩这一段结构非常好，角度也非常到位，只是语言显得过于简单，词汇太基本，语句也没有太多变化。
⑪To conclude, air transport fruits and vegetables bring some benefits as well as	⑪一句话就简单总结了全文的内容，这是“两边倒”的文章的特点，有好处，也有坏处。

problems. Critically speaking, ⑫if we can solve the pollution problem of airplane transport, it is a very good service. (269 words)	⑫最后提出展望：如果我们能够解决……的问题，那么……。以此作为结尾非常顺理成章。

Total Score: 6.5

TR（主题论证）：7.0；

CC（结构层次）：7.0；

LR（词汇语言）：6.0；

GRA（语法应用）：6.0。

简评

本文评分为6.5分。文章主题明确，从正反两方面论证了飞机运输蔬菜和水果的利弊。文章的语言尚可，词汇略显单一。语法存在着少量问题，但整体比较流畅，没有致命缺陷。文章的结构属于“两边倒”，先论证了反对空运蔬菜水果的意见（第二自然段），摆明主题后以firstly，secondly，moreover展开了论证。然后论证了支持的意见（第三自然段），分别从for consumers，for transporters，for exporters，for governments四个角度论证了空运蔬菜水果对谁都好，为什么不运呢？第三自然段角度和层次都不错，就是显得单薄。“两边倒”的文章最好能够使正反双方势均力敌。根据上文，我们将第三自然段做一个扩充：

However, everything exists must be a reason. The air transport foods must have some advantages on the other hand. For consumers, they can taste some foreign foods without going abroad. The sea transport fruits and vegetables must not be so fresh. For transporters, such operation can bring much income. Actually, only about 40 per cent seats of plane are in service during off-seasons. Compared to offering discounted plane tickets, transporting foods may be a better choice. For exporters, those orders could make their inventory become money. With the development of technology, the yield is increasing, but if those foods can not be sold immediately, they will go moldy. The air transportation just solves this problem and brings money for them. For governments, they are more than happy to receive tax by economy development.

这样一来，正反方就旗鼓相当了。当然，考试的时候应注意时间，一般情况下，大作文的字数应控制在260～300字左右。

范文学习精要

❶ employ *v.* 雇佣，使用。
一些时候，employ可以代替use，让文章的用词更地道。

❷ controversy *n.* 争论

❸ air-express 空运

❹ marine *v.* 海运

❺ greenhouse effect 温室效应
注：环境类问题必备词汇。

❻ indispensable *adj.* 不可或缺的

❼ everything exists must be a reason 存在既有原因

❽ critically speaking 客观地说，批评地说

❾ more than happy 表示高兴、乐意，尤其用于书信。
例：I'm more than happy to help you.

❿ off-seasons 淡季

范文15

TV, Internet and radio are very popular nowadays. Some people say that they will replace books and written words as the main source of information. To what extend do you agree or disagree?

Sample	
① Since the development of information technology in the last century, various news media have mushroomed, such as TV, Internet and radio. ② Some people say that they will replace books and written words as the main source of information. ③ Personally, I agree this point because I've tasted many benefits from the electronic media.	① 虽然since the development of ... 和with the development of ...已经被考生用"滥"了，但是仍不失为一个经典的好句型。考生可以放心应用，虽然用的多，但绝对不会扣分的。 ② 在描述了现象之后，马上引出了题目中的正面观点。 ③ 发表作者意见，指明文章的中心：同意正方观点。

There are ④three major advantages of the electronic media. ⑤Firstly, the electronic media is the fastest and most effective way of obtaining information. Nowadays, information has the tendency to supersede traditional working techniques and becomes the most important element in many areas, such as business. Secondly, the electronic media can save time and money. ⑥One can sit in front of the TV or radio to see what is happening around the world, and it is even more effective by browsing the websites. The Internet education offers long-distance class for students, which is quite convenient. ⑦Moreover, most electronic resources are free. Thirdly, the electronic media have super capacities to save information. A DVD can save more than 1000 books just in one disc.	④这种写法简练而有效，直接点明有三种优势，在段落中一一阐明。段落结构和布局非常清晰。 ⑤本段的结构非常鲜明，主题句之后的三点都使用了分论点+分论点论据（解释或例证）的写法，使架构非常坚实。 ⑥这里兼顾到了题目中提到的TV，radio和internet，而不是就其中一种进行论证。不少考生容易抓住某一个对象（例如internet）进行论证，这就偏离了题目，成了网络与传统书籍等媒介的对比，更有甚者如果写成计算机与书的比较，就跑题了。 ⑦前边提到了电子媒体can save time and money，上句话论证了其在时间和空间上的便利，这里就一定要提到省钱，否则就不能自圆其说了。
⑧However, the electronic media has some limitations. The biggest problem is that people cannot use the electronic media without equipments such as computer or television. But books are very convenient to use everywhere, say, on a train. Furthermore, books and written words have more than 3000 years history, but the electronic media has only several decades' history. ⑨One thing should be mentioned lastly, the electronic media is no good for protecting the copyrights.	⑧使用however作转折，摆出本段落的主题：电子媒体的缺点。这一段实际上是一段让步段，因此应注意论点不能过于强烈，否则会驳倒主论点，搬起石头砸了自己的脚。 ⑨有时候，使用一些普遍关注的问题作为论点会起到很好的作用，因为这些事情并不需要太多论证，它们已经得到了全世界的认可和共识。例如版权问题，温室效应，资源问题等等。
As discussed, the electronic media is widely	

used nowadays. Although it has some drawbacks, it has brought too many benefits to us. ⑩It is reasonable to believe that the electronic media will replace books and written words as the main source of information in future. (293 words)	⑩文章使用了一个展望式的结尾：我们有理由相信电子媒体在未来将取代传统媒体成为主要的信息载体。既是一个不错的收尾，同时也点明了中心主题。

Total Score: 7.0

TR（主题论证）：8.0；

CC（结构层次）：8.0；

LR（词汇语言）：6.0；

GRA（语法应用）：6.0。

简评

本文主题鲜明有力，开篇直接陈述了中心主题，并且贯穿全文，收笔点题。文章结构非常清晰，段落简单明了，首段引题陈述中心，第二段为正面主要论证，第三段为客观让步论证，结尾干净利索。论证充分客观，运用了理论分析、实证举例等多种方法，分论点清楚并且能够比较有力地支持主题，让步段使文章显得客观务实，同时也没有喧宾夺主。语言通顺，但是句式变化比较少，词汇的运用稍显单薄。

范文学习精要

❶ various *adj.* 各式各样的

❷ A has the tendency to supersede B A有取代B的趋势

❸ furthermore *adv.* 此外，而且

❹ one thing should be mentioned lastly 最后不得不提的是

❺ it is reasonable to believe that … 我们有理由相信……

范文16

Cars cause many problems. What problems? And should we discourage people to use cars?

Sample	
Cars bring many benefits into our daily lives. However, more and more problems have been welled up ①while we enjoying the convenience of cars. Nowadays it is a ②widely recognized fact that car problems have become one of the most serious issues.	①well作名词意为“井”，这里的well up是把well当作动词使用，意为“像井喷一样涌出”。 ②widely recognized fact意为“广泛认同的事实”，widely使用得很到位，这个词的用途也非常广，应熟练掌握。
③Firstly, ④the traffic jam caused by the increasing number of cars is a nightmare for all drivers. ⑤According to a survey, Beijing citizens spend averagely about 65 minutes on road everyday. Billions of dollars are being wasted on the road in many big cities all over the world, such as London, New York, Paris, Beijing and Tokyo, but we could do nothing to change it till now. Secondly, ⑥car pollution is the No.1 killer of the environment. Actually, ⑦cars are the biggest moving factory of making CO2 and SO2, ⑧which cause the greenhouse effect. An academic report indicated that if we do not prevent the greenhouse effect, the defrosting of icebergs in 70 years would flood 40 per cent land. Thirdly, ⑨car is the most dangerous mean of transportation compared with plane, train, ship and bicycle, etc. Moreover, ⑩using cars will consume huge amount nonrenewable resources. ⑪What can we do after exhausting all the resources?	③本段直接进入car problems的说明段，用firstly、secondly、thirdly、moreover的解构清晰地列出了汽车造成的四个问题，结构非常清晰。 ④第一个问题是交通拥堵。 ⑤引入了数字例证，使论证更充分，富有说服力。 ⑥第二个问题：汽车带来的污染是第一环境杀手。 ⑦这里形象地把汽车比做了制造二氧化碳和二氧化硫的流动工厂。 ⑧引入一些国际热点关注的话题会使文章的讨论更富有价值。这里引入的是温室效应。 ⑨第三个问题：汽车的危险性。 ⑩最后的问题：资源的浪费。 ⑪一个疑问句：我们用完了所有的资源怎么办？这里起到了很好的作用，引人深省。
⑫However, discouraging people to use cars is not a good solution of car problem. People still use cars even they are suffering the terrible traffic condition and pollution because they need	⑫这句话是针对题目中的should we discourage people to use cars?的一个解答，扣住了题目。

the cars. It is unimaginable that one day all cars are forbidden to use.	
⑬Instead of discouraging people to use cars, we could encourage people to use bicycles and public transportations such as bus and tube services. Or we can set a ⑭higher tax rate to decrease the running cars. (278 words)	⑬在反驳了题目的方案之后，作者在这里给出了自己的方案。 ⑭提高征税的方案就比鼓励市民乘公交更深入。虽然雅思不是考政治，但深入的观点有时却和高分联系在一起。

Total Score: 7.5

TR（主题论证）：8.0；
CC（结构层次）：8.0；
LR（词汇语言）：7.0；
GRA（语法应用）：7.0。

简评

本文是一篇非常值得学习的范文。文章使用了比较通俗的词汇和简明的结构，完成了干净利索的论证。文章的任务完成得非常好，有极为明显的标志暗示读者文章正在回答问题的哪个部分，层次也十分清晰。虽然文章所使用的词汇都不高深，但是非常灵活，富于变化。句子长短交错，短的短而有力，长的长而变幻，整体行文流畅，读起来很舒服，浅显易懂又不失深度。

范文学习精要

❶ welled up （如井般）涌出

❷ Nowadays it is a widely recognized fact that …
如今对于……已成为公认的事实。

❸ serious issue 严重的问题

❹ traffic jam 交通堵塞

❺ nightmare *n.* 噩梦

❻ defrosting of icebergs 冰山融化

❼ nonrenewable resource *adj.* 不可再生资源

❽ It is unimaginable that .... 如果……那将是多么难以想象的事呀!

❾ Instead of doing sth., we could .... 与其……，我们可以……。

范文17

Pressure on school and university students is increasing and students are pushed to hard work when they are young. Do you think it is a positive or negative developing?

Sample	
College and university students often complain that they ①are placed under massive pressure to study hard and ②achieve high examination results. ③As more students get university degrees, competition becomes fierce, resulting in the need for students to distinguish themselves with continually higher marks. However, ④I feel that this development causes unnecessary stress and grief.	①be placed under massive pressure意为“置于强大的压力之下”。 ②一般取得某种成就可以用achieve，acquire，gain，obtain等等，考生应多学习一些地道的用词。 ③随着越来越多的学生取得大学学位，竞争变得越来越剧烈，这导致了学生们需要取得更高的成绩来突出自己。这里说明了目前的现象。 ④在首段的最后一句转折，亮出作者的观点，这是一种比较实用的方法，开头段分三句：引题+现象+中心。
⑤Childhood and our teenage years should be a time when young people are free from the pressures and responsibilities of adult life. To place the type of pressure, which adults must face, on young people ⑥robs them of the one time in their lives when they can enjoy a carefree existence. Furthermore, ⑦young people lack the maturity to deal with such pressures.	⑤段首点明作者立场：孩子应该是没有压力和责任的。 ⑥rob这个词在这里用的很到位，句子意为“抢夺了孩子们无忧无虑的童年”。 ⑦这一个很小的观点非常有深度，孩子们还不够成熟去面对这些压力。
⑧It could also be argued that high pressure is actually detrimental to achieving high exam results. Most people ⑨absorb information at their maximum capability when they are relaxed	⑧这里另起一段，树立了另一个分论点：高压不一定高分。 ⑨吸收知识，absorb这个词用得十分形象，把学习的过程比作像海绵吸水一般。

and comfortable. When people are under stress, they find it harder to concentrate and focus. ⑩Therefore, placing young people under pressure in one way is which to assure their failure.	⑩所以，让年轻人处于压力之下实际上就是把他们推向失败的道路。
Many countries, ⑪most notably Japan, have suffered extremely high teenage suicide rates ⑫as a direct consequence of the pressure put on students. Many students feel that academic failure equates to a life of misery and cannot cope with this idea. ⑬They therefore opt to end their own lives, rather than face the possibility of a failed exam.	⑪Most notably XXX，最显著的是XXX，与in particularly XXX的用法是一样的。 ⑫as a direct consequence of ... 意为"导致……的直接原因"。 ⑬这里把压力与自杀联系在一起，自然是一个非常有说服力的论据。
⑭Considering these points, I feel that students should be spared this type of treatment. Although we live in a competitive world, we should not push students to breaking point, as this is simply does not lead to a better or happier student. (273 words)	⑭标志性的总结短语后，摆出了自己总结性的观点，与中心一致，前后呼应。

Source：3G雅思内测题

Total Score: 8.0

TA（任务完成）：8.0；

CC（结构层次）：8.0；

LR（词汇语言）：8.0；

GRA（语法应用）：8.0。

简评

本文干净利落地阐述了压力的弊端，中心非常突出，重点明确。文章的结构非常好：

首段点出中心：引题+现象+中心；

论点一：孩子不应承担压力+理论；

论点二：高压不一定有效+例证；

论点三：太大压力导致自杀+例证；

结尾紧扣中心：不应施压于孩子们。

这种结构是典型的“一边倒”，值得考生借鉴。文章的词汇和句式也非常丰富多变，使文章从同类习作中脱颖而出。

范文学习精要

❶ massive *adj.* 厚重的

❷ fierce *adj.* 凶猛的

❸ continually *adv.* 不断地

❹ carefree *adj.* 无忧无虑的

❺ lack the … to do sth. 对于某事还缺乏……

❻ maximum/minimum *n.* 最大/最小

❼ A as a direct consequence of B A是B的必然结果

❽ opt to …(A), rather than …(B) 与其……(B)，还不如选择……(A)。

范文18

Food can be produced much more cheaply today because of improved fertilizers and better machinery. However, some of the methods used to do this may be dangerous to human health and may have negative effects on local communities. To what extent do you agree or disagree.

Sample	
Through recent years, science has ①played an increasingly active role in food production. Sophisticated farming technology has ②combined with new kinds of scientifically modified seeds, resulting in more efficient crop outputs. ③Although this has meant that many countries have benefited from this	①play an XXX role … 意为“扮演着……的角色”。 ②A has combined with B意为“A融合了B，A结合了B”。 ③一个转折的句型点出文章的争论核心问题：人工食品可能引起的对健康的长期影响越来越受到关注。

cheaper source of food, concern is growing about the possible long-term health effects, which artificially produced foods may cause.	
When scientific methods first guaranteed higher crop output, it seemed that the answer to many people's problems had arrived. Drought and famine ④struck countries could produce food using seeds that required little water and could thrive in hard conditions. ⑤ Praise was heaped upon the scientists who had pioneered the new 'super seeds' and ⑥ therefore objections against this type of crop surprised many people.	④struck是strike的过去式，意为“打击，冲击”，这里是说干旱和饥荒迫使国家使用那些需水量少的和能够在恶劣条件下生长的种子。 ⑤praise was heaped upon...意为“对……赞不绝口。” ⑥本段仍是在对现象作解释，为下面的论证作铺垫。
⑦Certain groups argued that food produced from genetically modified seeds could have a detrimental effect on people's health and that it had ⑧been subject to very few tests, ⑨which could determine it's suitability for human consumption. The objections gathered momentum, causing a significant division of opinions towards what was once considered the future of food production.	⑦本段开头作者摆出了一种广泛的的看法：基因改良种子制成品可能对健康有害。 ⑧be subject to意为“受……支配” ⑨插入了一个从句，解释那些very few tests，是能够判定转基因食品是否适合人类食用的试验。
Perhaps more alarmingly however, is that certain western companies, ⑩patented the scientific design of their seeds and demanded large amounts of money from countries which used their product. ⑪ These corporations were accused of the exploitation of developing countries, as it seems that their end motive was not to provide a cheaper source of food, but to make huge profits from those who can barely afford to feed themselves.	⑩patent意为“取得……的专利”。 ⑪这些公司对发展中国家的扩张受到指控，似乎他们的最终目的并非提供便宜的食品来源，而是从这些几乎不能够吃饱的人身上谋取巨额的利润。barely afford to ...意为“几乎不能够承担……”。

⑫The individual must decide which of these arguments is more valid but ⑬this subject and it's many, as yet, hidden implications will continue to provoke discussion for some time. (277 words)	⑫这里点明了作者的观点：对于这个问题，个人必须判定哪种观点是更加正确的。这与前面左右都有所论证的主题相呼应，作者在“两边倒”。 ⑬在点明中心之后作出了展望：这个话题和与其隐含的关联还将在未来的某时激起争论。

Source：3G雅思内测题

Total Score: 8.0

TA（任务完成）：8.0；
CC（结构层次）：8.0；
LR（词汇语言）：8.0；
GRA（语法应用）：8.0。

简评

本文通过由浅入深的分析，揭示了目前关于人工基因食品可能对健康带来损害的问题的争论。作者通过引入题目，介绍人工基因食品出现的原因，以及目前对人工基因食品有害健康问题的研究，最后谈到商业利益，结尾点题并做了展望。所讨论问题的深度层层递进，并且对问题剖析得十分到位。文章保持了一个客观的态度，自始至终没有流露出自身的偏好，整体行文严谨。作者的用词和语法也是本文的一个亮点，强有力的英文功底是本文论证的一个有力支持。

范文学习精要

❶ play an … role 扮演着……的角色

❷ sophisticated *adj.* 久经世故的

❸ artificially *adv.* 人工地
artificial color 人工色素

❹ drought *n.* 干旱

❺ genetically modified seeds 转基因种子
genetic 遗传的

❻ detrimental *adj.* 有害的

❼ be accused of … 因……被起诉

❽ make huge profits from … 从……谋取暴利

❾ A has combined with B, resulting in … A融合了B以至于……

范文19

Some people think that the government should provide assistance to all kinds of artists includes painters, musicians, poets, however, other people think that is a waste of money for providing this assistance. Discuss it from the perspective of Chinese student.

Sample	
①To be of assistance or not, it indeed is debatable if artists deserve funding by the government. ②Firstly, I acknowledge that the benefits from artists can enrich our everyday lives in so many different ways; ③otherwise our life would have been a lot drabber without them.	①第一句话直接摆明文章要讨论的问题：艺术家们是否应获得政府的资助确实值得讨论。 ②在第一段，作者首先对艺术家表示了感谢：艺术家丰富了我们的生活，如果没有艺术家，我们的生活将会多么无聊啊。这一笔比较巧妙地引出艺术家的重要性，同时引出了之后的辩论。 ③这里做了一个假设：否则我们的生活会是多么无聊啊。注意在假设时would have been的用法。 ④这些艺术家是否需要政府的资助就另当别论了。
Any genuine artist most certainly deserves some form of aid and there can not be any doubt about that, however, ④whether they require government assistance is another issue altogether. Contrary to popular belief it seems to be that not all artists and literary personalities are wealthy, and most renowned personalities are deservedly rich and famous.	
⑤While the other large group of artists is neither rich nor famous, what ⑥drives them to produce art works is their	⑤（与前边提到的有名有利的艺术家相比），还有一部分艺术家既没有钱也没有名，这部分人应当是被资助的对象。这是一个应当有的切入点，是文章论证深度的体现。 ⑥这里drive作“驱使，驱动”讲。

⑦passion. It would be ridiculous to think that any kind of financial incentives could power their creativity. However, not many of them are able to take up their passion on a full time basis because they cannot afford to. It is the vagaries of life that they have to face which ⑧fuels their creativity, in the process they need to mature into renowned to be an artist. When they do and when their work ⑨is recognized, there will not be any dearth of money or fame.	⑦这里点到了一些穷艺术家们仅仅靠激情在创作，但毕竟激情不能当饭吃，于是是否应资助他们就理所当然地成为了讨论的重点。 ⑧这里fuel当作动词使用，意为“驱动”。 ⑨be recognized意为“被认可”。
⑩I do believe that they need to have some kind of incentives, it can be in the way of appreciation and opportunity to present their talent to the rest of the world. This could be done in various ways, ⑪for instance, ⑫giving tax incentives to amateur artists and writers or financial rebates in government owned auditoriums to stage their presentations.	⑩这里的do表示加强语气，I do believe比I believe更能表现作者的立场。 ⑪for instance = for example，前者较少用，后者较多用。 ⑫这里提出了作者认为可行的一些解决方案。有时候，在激烈的争论之后如果能提出一些解决方案，可以使自己从争论中跳出来，这样论证的深度就可能又进一个层次。
Moreover, ⑬I would prefer that government provides financial assistance to the poor first, and then gives incentives to all kinds of artists. （290 words）	⑬作者最后摆明了观点：要资助也得先资助穷的。这一点非常在理，并且也在文中得到了说明。

Total Score: 7.5

TA（任务完成）：7.0；

CC（结构层次）：7.0；

LR（词汇语言）：8.0；

GRA（语法应用）：7.0。

简评

本文通过由浅入深的论证，阐述了政府是否应当资助艺术家的问题。文章的切入点找的比较好，艺术家有一部分是有名有利的，他们并不需要捐助，而另一部分艺术家则比较贫穷，他们是靠激情在创作。但是，文章的主题并不十分明显，论证也比较隐晦，虽然有一定深度，却略显得有一些“平”，没有突出的驳论。总体来说，文章的意思表达清楚了，层次也很清晰，语言是本文的一个亮点，不少词汇的运用非常到位。

范文学习精要

❶ debatable *adj.* 值得争论的

❷ deserve *v.* 应受

❸ I acknowledge that …. 我对……深表感激。

❹ enrich *v.* 充实

❺ ridiculous *adj.* 荒谬的，可笑的

❻ incentive *n.* 动机

❼ talent *n.* 天才

❽ amateur *n.* 业余的

❾ I would prefer that …. 我宁愿选择……，我更期望……

范文20

Maintain public libraries is a waste of money, because computer technology is already replaced its function. Do you agree or disagree?

Sample	
①While this statement is true for most of dot.com generations as they are easy to find relevant web articles, ②they do need the knowledge for surfing to be able to search the information in terms of effectiveness. However, ③imagine that one neither has computer skill nor	①文章开头说明了题目的观点对于“.com一族”是对的。这里的dot.com generations指的是那些经常上网的人。 ②这里使用语气助词do强调：这些人需要具备使用互联网的能力才能够实现网络高效的搜索等功能。 ③转折后引出了作者的观点：对于那些不懂得电脑知识的人，题目的观点就显得很荒谬了。

IT knowledge, this statement may be too harsh for them.	
④The main purpose for a public library is not only borrowing books but also to serve the community's needs, such as, book club, read hard copy of magazines and newspapers, seniors' getting together. ⑤This benefit provides by the public libraries in our society should not be underestimated.	④这里指出了图书馆除了提供图书以外的其他作用，从多方面支持主题。 ⑤公共图书馆对于社会的作用是不能被低估的。这句话是本段的分论点，放在了段落结尾。
⑥The computer technology has no doubt at all replaced most of function, that is, we can read books from the academic database; newspapers and publishes from almost everywhere, this means that we do not need many hard copies. ⑦However I am not so much convinced that the Internet can replace other functions that we need other than providing information or resources.	⑥前一段主要针对图书馆进行阐述，本段转为对计算机的阐述。 ⑦同样，最后一句话揭示分论点：作者对计算机能否取代除提供信息和资料以外的功能感到怀疑，也就是说，作者认为计算机并不能取代图书馆的其他功能。
⑧The important issue we need to recognize is that there are not many people who can use computer to serve their needs, and even may not afford to own a computer. Some of them are using the public libraries for reading the large print books; others are coming to ⑨relax for reading magazines with friends; and ⑩the others may just come for a cool spot in a hot summer.	⑧这里对使用计算机的条件发起了攻击，计算机能不能取代图书馆另当别论，目前还有很多人不会使用甚至负担不起计算机，谈何用计算机浏览资料呢？ ⑨这里也谈到阅读是一种放松的方式，这是计算机无可取代的。 ⑩还有人就是想在夏天找个凉快地儿呆着，这些都是计算机没有的功能。
Governments in the world are trying to improve nations' lifestyle in every aspects,	

in this case, ⑪how can it be satisfactory to say that take away a public library by replacing a computer is improving our quality life? (271 words)	⑪一个反问句：怎么能让计算机取代图书馆呢？这样的结尾突出了文章的中心，同时也使文章变得富有活力。

Total Score: 7.0

TA（任务完成）：7.0；
CC（结构层次）：7.0；
LR（词汇语言）：7.0；
GRA（语法应用）：7.0。

简评

本文阐述了计算机不能取代图书馆的若干理由。文章采用了比较独特的写法，首段摆明立场后，分三段进行论证。第一个理由段以图书馆为切入点论证了其职能以及其不可被取代的理由；第二个理由段以计算机为切入点，论证了其局限性；最后一个理由段对计算机的普及性提出质疑，并且举例说明了一些计算机所不具备的职能。文章用一个反问句进行结尾，强化了主题。文章整体通顺，理由比较到位，但系统性不是很强。文章一些词汇的运用比较地道，语言比较有活力。

范文学习精要

❶ dot.com generations　网络爱好者

❷ be able to　能够

❸ imagine that …　试想……

❹ harsh *adj.* 粗糙的

❺ … should not be underestimated. ……是不能被低估的。

❻ I am not so much convinced that …　我对……表示怀疑。

❼ afford *v.* 负担

注：凡是涉及sb. do not have money to buy或者poor等与购买力有关的句子，一律可以用afford，该词要比buy，money，rich，poor等词汇更高级。

❽ in every aspects　从各个方面

❾ in this case *adv.* 这样的话

❿ satisfactory *adj.* 满意的

第四节

考生习作评析

范文21 （A类 Task 1）

You should spend about 20 minutes to write this task.

The charts below show the levels of participation in education and science in developing and industrialized countries in 1980 and 1990.

Summarise the information by selecting and reporting the main features, and make comparisons where relevant.

Write at least 150 words.

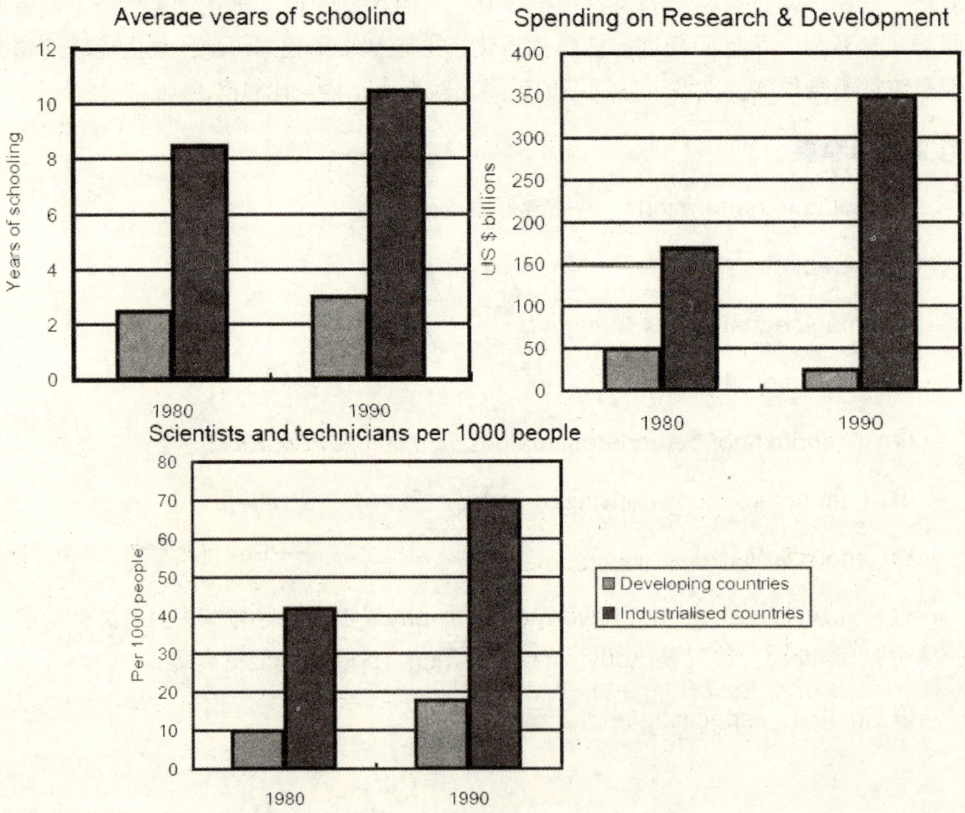

Sample	
①The three bar charts illustrate the levels of participation in education and science in developing and industrialized countries in 1980 and 1990.	①这句话除了个别单词（如illusrtrte）与题目要求中的不同，其他基本是原句照搬。这是逃不过阅卷官的眼睛的，这部分的字数会被扣除。考生应注意，第一句如果采用改写题目要求中的叙述，改写的幅度应大一些。
It's much evident that there were gradual growths in the average years of schooling in both developing and industrialized countries. ②However, the average years of schooling in industrialized countries is much more than that in developing countries. Only approximately ③3 years were spent in education in developing countries in 1990, and the figure in industrialized countries ④is 11 years.	②这一处比较非常好，使用however承转上句，自然地过渡到发达国家与不发达国家之间数据的比较。 ③在英文书面写作中，≤10的数字应使用英文单词而不是阿拉伯数字，例如此处应为three years。 ④注意时态统一，应为was。
On the other hand, ⑤the proportions of scientists and technicians were increased in both developing countries and industrialized countries. ⑥There was only 10 scientist and technicians per 1000 people in 1980, and this number increased to 15 in 1990. In industrialized countries, the number of scientists and technicians went up from 42 to 70 per 1000 people during that decade.	⑤本段开始对第二张图的描述，并且从最明显的要素着手，较可取。 ⑥这句话显得冗长累赘，应予以简化：The number of scientists and technicians in developing countries increased from 10 to 15 per 1,000 people between 1980 to 1990, while the number in industrialized countries went from 42 to 70.
The ⑦money that industrialized countries spending on research & development ⑧doubled from 1980 to 1990. But ⑨the investment of research & development decreased from $50 billions to about $20 billions during that decade.	⑦这样的写法比较生硬，可考虑换为：The total spending on research & development of industrialized countries ... ⑧这里doubled一词用得非常好，意为"翻两倍"，从170到345基本是两倍，因此这里描述得恰到好处。 ⑨重复的名词太多了，应使用whereas, while等连词将本句与前句并联起来，省去不必要的重复。

⑩The government of those countries should take this figure seriously. (184 words)	⑩这句话有些画蛇添足，或者可以换一个说法：Which should be regarded by the governments of those countries.

Total Score: 6.0

TA（任务完成）：7.0；

CC（结构层次）：6.0；

LR（词汇语言）：6.0；

GRA（语法应用）：5.0。

简评

文章基本完成了任务，完整地描述了三幅图的基本信息点，没有重大信息遗漏。在一些细节的地方，文章合理地进行了比较，描述也比较到位。文章的词汇尚可，在一些细节的描述上词汇运用得比较到位。问题在于文章的语言中冗余累赘的地方太多，导致字数偏多，但很多是无用的词句，许多地方完全能够进行合理的缩减。

改进意见

文章应在语言上多下功夫，尽量合并一些冗余的语句，能用一句话说清楚的就尽量不要分成两句话来说（如文中的批示）。另外，结尾可以简单总结一下全文：The gap between developing and industrialized countries was becoming wider through that decade.

范文22 （G类 Task 1）

You should spend about 20 minutes on this task.

Write a letter to a hotel manager to book private room for your family party.

- ***what type of party?***
- ***what do you need in the room?***
- ***How much for the food service?***

Write at least 150 words.

You do NOT need to write any addresses.

Begin your letter as follows:

Dear Sir,

Candidate's essay	
Dear Sir,	
①I am writing to book a private room ②for my family party.	①信件开头直接以标志性的语言表明写信的目的，非常可取。 ②应说明确切时间，例如：... my family party which will be held on 12th Dec。
The party is ③for celebrating my daughter's birthday. About 15 people will attend the ④meeting, ⑤including ⑥seven parents and eight children. Therefore, I'd like to decorate the room with a happy atmosphere. A large table is needed as well as 15 suits of dishware, some candles and some corlourful balloons. ⑦We are planning to begin at 18:00 pm and the whole party may take three hours. Please prepare dinner for us. ⑧We'd like to have some salad, some ice cream, some sausages, some salmons, and a big cake for the dishes, and two bottles of coca cola. If there are any recommended courses, please just offer for us. The total ⑨ budget is around 800 dollars. ⑩Please send me a menu and program list of the party as soon as possible. My fax is 123456. Thank you very much.	③这里说明了what type of party。 ④meeting比较正式，这里应使用party或者celebration。 ⑤这里including使用得比较好，意为"其中包含……"。 ⑥seven parents是一种产生歧义的用法，非常Chinglish，应使用seven adults。 ⑦这些是必备信息，虽然题目没有提，但是信中应当提到。 ⑧句子显得非常不顺畅，使用的some太多，完全可以省略。 ⑨budget用在此处非常合适，意为"预算"。 ⑩实际上，这里加入前边提到的recommended courses（推荐菜）更为妥当。
I look forward your response.	
Your sincerely,	
(160 words)	

Total Score: 6.0

TA（任务完成）：7.0；

CC（结构层次）：5.0；

LR（词汇语言）：6.0；

GRA（语法应用）：5.0。

简评

这是一篇G类考试的书信，信件基本完整地回答了题目提出的要求，达到了写信的目的。但是，信件存在着不少问题。首先是信件的结构，格式基本正确，但是整篇信件的主要内容全部集中在一个段落，使阅读者感到很不舒服。其次，信件的语言能够表达基本意思，但是一些地方欠缺条理性，用词也过于简单，不过偶尔也会有一些比较地道的词语闪现。总的来说，评分应在6分。

改进意见

将文章的内容分为两到四个自然段，不要集中在一起，否则显得非常没有层次。文章的条理性应加强，虽然文章基本说明了问题，但是其中一些细节显然没有经过排序，而是想到哪里就写到哪里，显得有些混乱。文章的语言需进一步精炼，例如some的使用多达六七次。

范文23

Do the negative effects of some international media such as TV and magazine for example overweigh the positive effect?

Candidate's essay	
With the development of technology and ①the process of society, it is possible for people in different countries to ②watch each other's TV programs or other kinds of international media. For example, we can watch the BBC programs in Beijing and we can send the CCTV programs to London. We can listen to President Bush's Union speech, and ③our foreign friends can watch President Hu's celebration speech of ④spring festival.Then there is much controversy these days ⑤about the international media such as TV and magazine. ⑥Some people claim that we can only know the	①process of society可以去掉，与主题无关，用法也比较奇怪。 ②这样说比较拗口，显得非常生涩，可以说to share each other's resources such as TV programs through the international media. ③We can的句型太多，造成了句子的单一。 ④应为the Spring Festival，注意大写。 ⑤这句话似乎没说完，应当是关于国际媒体的positive effects占主导还是negative占主导？而不是关于TV和magazine的争论。 ⑥这里的立场有一些问题，题目中并未提到culture，而这里直接把negative effect归结为"不能深刻地了解文化"，有些片面。

surface part of other cultures through the international media, while others claim that international media ⑦will benefit us a lot. ⑧I fully agree with the latter.	⑦不应用will，而应为can或者直接跟benefits us a lot。 ⑧这里明确地展现了作者的观点，可取。
⑨It is very helpful for people who learning a foreign language by studying with international media. Many people find it is very difficult to study without a language environment. ⑩They learn language just by memorizing a large vocabulary. ⑪Watch foreign TV programs and reading foreign magazines are ⑫good method to solve this problem. ⑬We can learn language while entertainment.	⑨表达欠通顺，可改为：Using international media may be very helpful while learning a foreign language. ⑩这种表达过于简单，对说明主题的意义也不大，可以考虑删掉。 ⑪应为watching。 ⑫这里解决了什么问题呢？应当是解决了学外语没有语言环境的问题，但是此处描述得太笼统了，令人迷惑。 ⑬这句话应当是想表达利用international media边娱乐边学习的效果，但是句子前后没有任何连接，显得孤立无援，莫名其妙。
On the other hand, we can ⑭know other nations' cultures and customs through the international media. For example, the Christmas Eve is getting more and more popular in China, ⑮we send our best wishes to each other by post cards and we celebrate the festival together. At the same time, our foreign friends could watch ⑯spring festival celebration program on TV and ⑰they can eat a lot of delicious Chinese food such as dumplings.	⑭这里使用learn或者get acquainted with都比使用know要好一些。 ⑮这句话完全是多余的。 ⑯应为the Spring Festival，需要大写。 ⑰通过international media看节目和吃饺子有什么关系吗？应避免这种跳跃性的写作方式。
From what we have discussed above, ⑱our conclusion here is short and brief: the international media will bring us many positive effects and it will make our lives more colourful. (285 words)	⑱结尾段还是不错的，简单而清晰，并且点到了题目，与中心相呼应。

Total Score: 5.5

TA（任务完成）：6.0；

CC（结构层次）：6.0；

LR（词汇语言）：5.0；

GRA（语法应用）：5.0。

简评

应该说，文章基本在围绕题目展开论述，有比较明确的中心，作者的观点自始至终非常突出。但是，文章的论证观点显得无力，而且论证东拉西扯，没有非常强的分论点支撑中心主题。作者的结构尚可，语言的通畅性一般，一些语法错误比较明显，但不影响表达。文中的词汇显得贫乏，总是见到几个简单词汇在被重复使用。

改进意见

文章中心、结构可以保持不变，应在论点上下功夫。例如，国际媒体可以增进各国之间的文化交流，这一点文中提到了，但是论证得过浅，可以再作更深层次的论证。此外，还可以引入一些其他的分论点支持主体，比如，国际媒体可以拓展人们的视野和眼界（enrich our sight），国际媒体可以促进国际旅游业的发展（accelerate the international tour industry development），国际媒体可以让我们学习其他国家的先进经验（enable us to learn some advanced experiences from other countries），等等。语言上还应加强，如果词汇量不够，则应注意学习简单词汇的灵活运用。

范文24

Some people believe that visitors to other countries should follow local customs and behavior. Others disagree and think that the host country should welcome cultural differences. Discuss both these views and give your own opinion.

Candidate's essay	
②As to whether local customs and behavior should ①assimilation with the other cultures, these arises a contentious discussion. ③Before presenting my view, I intend to discuss both sides of the argument.	①应为assimilate。should/could等情态动词后直接跟动词原形，不会出现其他形式。 ②这是一个病句，而且意思非常模糊。题目问的是出国旅游的人是否应入乡随俗地遵循当地习俗，而不是文化间的相互吸收和兼并。 ③显然，作者选择了“两边倒”的方法，但此处不表明中心，却先把两边都讨论一下，做法不是非常聪明。建议换一种表述方法。

④Advocates of the other cultures hold the belief that it is benefits of host country to interact to the other cultures. ⑤To begin with, ⑥tourism helps to introduce the country to foreigners and showcase the brilliant history and culture to the outside world. Moreover, tourists from different countries also ⑦bring their own cultures, it can enhance mutual understanding between nations and maintain world peace. ⑧ Worst of all, ⑨as we know cross-cultural communication is becoming increasingly frequent and cultural ⑩assimilation and penetration is inevitable.	④这句话存在着比较严重的问题，句子不通顺，而且意思不明确。主题句出问题的错误是非常致命的。考虑改为：Advocates who believe that foreign cultures are beneficial to host country because the extent to which they interact. ⑤应去掉，完全没有任何意义 ⑥病句，可改为：Tourism helps to introduce the country to foreigners and it also acts as a showcase to disclose the brilliant history and culture to the outside world. ⑦后应补充into the host country。 ⑧这些连词的使用没有任何道理，可以去掉。 ⑨应为as we all know，我们都知道。 ⑩句子中的and过多，assimilation和penetration保留一个就可以了。
Some other people, however, are strongly against the host country to have access to the ⑪diverse cultures for several reasons. Primarily, it may exert some adverse effects on the ⑫aboriginal culture and minority languages to some extent. ⑬Furthermore, cultural globalization will result in one homogenous global culture where everyone speaks the same and thinks the same. ⑭Last of all, ⑮ globalization poses potential risks to the preservation of aboriginal culture and languages.	⑪应为diversity of cultures。 ⑫这个词用得比较好，意为“本土文化”。 ⑬这里的论证和主题的关系密切吗？似乎更像是在论证文化间的互相兼并的利弊，而不是旅游是否应遵循当地习俗，偏题了。 ⑭文中的很多连接词都使用得非常“不舒服”，连接词的使用是为了承上启下，而不是摆设，或者为了使用而使用。 ⑮这是一个明显偏题的论据，旅游的人是否遵守本地习俗与当地文化及语言的消亡有什么必然关系吗？
From the above discussion, we can see that both sides ⑯have sounded reasonable. Personally,	⑯这句话是一个病句，可改为we can see that both sides have their points.

I am in favor of assimilating with different cultures.⑰On the other hand, we can not lose the sight of risks of globalization. ⑱And it is of great significance for a government to make efforts to conserve endangered culture and language. （242 words）	⑰作者的中心思想太匪夷所思了，基本看不懂。 ⑱这又是从何而出的呢？最后怎么连政府都卷进来了？似乎还是继续前边的偏题而得出的结论。

Total Score: 4.5

TA（任务完成）：4.0；
CC（结构层次）：5.0；
LR（词汇语言）：5.0；
GRA（语法应用）：4.0。

简评

文章存在着明显的偏题，仔细阅读题目：Some people believe that visitors to other countries should follow local customs and behavior. Others disagree and think that the host country should welcome cultural differences. 实际上说的是游客到其他国家旅游的时候是应该遵守其他国家的习俗呢，还是其他国家应当允许游客使用自己的习俗？例如，美国人到中国吃饭，是应当用筷子呢，还是用刀叉？中国人去日本吃料理，是应当跪着吃呢，还是坐着吃？这些才是习俗。文章讨论的是：全球化会不会使一些文化和语言遭到灭亡，意思完全拧了。此外，文章通篇病句，使用了很多没有必要的短语。个别词汇使用得还是不错的，但整体语言比较粗糙。

改进意见

所有的论点都需要重新调整，建议从审题做起，重新完成写作。另外，全文没有例证，应加入一些简单的例子。

范文25

Should people conduct experiments on animals for the benefits of human being?

Candidate's essay	
①There is much controversy these days about whether people should conduct experiments onanimals for the benefits of human beings. ②People who hold moral attitude claim that we should not make tests ③with animals. On the other hand, ④ some people claim that those experiments on animals are necessary. ⑤As for me, I fully agree with the former opinion.	①开头交待文章的话题，运用了whether的句型，应该说效果是不错的。 ②首先陈述了一类观点：不支持用动物做实验。 ③对动物做实验，应为on animals，而不能使用with。 ④阐述了对立观点：用动物做实验是必要的。这里的说法非常好，如果说成另一些人支持用动物做实验，而不是强调动物实验的必要性，那人类岂不成了恶魔？并非人类故意要拿动物做实验，而是出于医学等的需要。 ⑤阐明了作者的观点，也就是全文的中心。
⑥When we talk about morality and equality, we only limit our behaviors to the human society. However, we have to remember that not only all man need equality, but also all creatures need equality. We should not deprive animals' living rights only for the benefits of ourselves. ⑧ Suppose there is an ⑦out-space creature superior to us in the universe, and they kill us for their benefits, what do you think about it?	⑥这里的论证观点是不错的。人与动物都是生物，因此生存的权利是平等的，但是人们谈到平等却只限于人类社会。这个突破点很好。 ⑦外星人使用space aliens即可，out-space是宇宙外的。 ⑧这个例子举得很形象，作者假设有高等外星人为满足己利屠杀人类，确实和人类拿动物做实验是一样的道理。
⑨Many people take experiments on animals for researching of new medicines. ⑩Actually, with the development of science and technology, we can seek for other scientific methods which can help us achieve the same results. ⑪ For example we can test new medicine by computer simulation. Therefore we don't have to kill	⑨这一段从动物实验的原因入手分析，也是一条不错的路线。 ⑩这里通过给出解决方案以达到论证目的，有较好的效果。明明有其他的方法为什么还要杀动物呢？ ⑪有例证，可再描述得详细一些。

the animals.	
⑫During the Second World War, Japanese and German took experiments on live human. This is strongly against humanism. We take experiments on live animals who are the chummy friends of people. Aren't we brutal? A new medicine, which could cure a people by killing a lot of other creatures ⑬on the face of the earth, is completely worthless.	⑫作者联系到了世界大战的活人试验，着实是不错的一笔。确实可以和动物实验相提并论，突出了实验的残忍。个别词汇用得不错。 ⑬这些多余的词语可以去掉。
⑭Our conclusion here is brief and short: if we have human rights, then animals will have their rights. That's fair and square. (259 words)	⑭结尾应该说"动物有生存的权利"。作者的说法容易使人误解为动物与人一样应当拥有权利。结尾非常关键，应仔细推敲。

Total Score: 6.5

TA（任务完成）：7.0；

CC（结构层次）：7.0；

LR（词汇语言）：6.0；

GRA（语法应用）：6.0。

简评

动物试验是雅思作文中最常见的题目之一。这篇文章比较好地完成了任务，基本上说明了问题，并且表达了作者坚决反对动物试验的态度。其中的论证都还比较站得住脚，一些例证都比较有思想，体现了作者的想象力和逻辑能力。文章的结构非常明确，是"一边倒"的结构，即中心开头 + 论证一 + 论证二 + 论证三 + 点题结尾，非常干净利索，只是在论证层次上没有太强的深浅递进性。文章的语言尚可，全文没有严重的病句，只有少量语法错误，一些词汇的使用也很到位。总的来说，评分应在6.5分。

改进意见

文章中心结构均不需要修改，可以再尝试寻找一些强有力的论据，加强文章的深度。三个论点都是从道德方面下笔的，因此显得拉不开层次。如果能够从其他方面寻找论点，例如是不是缺少一个有效的监管部门或者动物保护部门等等；例证也可以多样化一些，例如国外已经有商业赞助反动物实验组织（最典型的是英国Body Shop化妆品的Against Animal Tests的一系列行动）。当然，这些工作需平时积累，在考试中很难构思这么多素材。如果语言再加强一些，减少语法错误，文章的评分可在7.0分以上。

范文26

As the development of modern science and technology, some aspects of traditional culture are being lost, so some people think that the traditional culture and technology will be replaced by the modern science and technology such as computer or internet, what is your opinion?

Candidate's essay	
②It has been widely noted that some aspects of ①tradional cuture are being lost along with the development of modern science. As far as I concerned, the traditional culture and technologh will ③ be replaced by the modern one for several reasons as follows.	①拼写错误，应为traditional culture。 ②语法存在错误，应改为：It is widely noted that some aspects of traditional culture has been lost along with the development of modern science. ③改为：will be replaced in this modern era for several reasons。
My first reason is that the traditional culture is hindering the development of new science which can improve people's life. ④ Traditional technology always combines with low efficiency. ⑤Suppose if the scientists are still using cars to go abroad and attend meetings, the cloning technique will be found many years later, and consequently, a lot of patient have died.	④这句话是不对的，传统就是落后吗？可以这样写：Traditional technologies are always considered to be low efficiency. ⑤这句话毫无逻辑，很多发达国家仍然使用汽车出国，这和克隆完全没有联系，而克隆又和治病有什么必然联系？
My second reason is based on the high ⑥ fees used to protect the traditional culture. ⑦Government provide a huge amount of money to rebuild or decorate the old buildings just because they were built by our ancestors, ⑧never thinking of their uselessness for accommodation. ⑩If the money used to protect these buildings ⑨is delivered to the poor, a lot of them will solve	⑥注意fee一般指的是费用，“成本”应当用cost。 ⑦第三人称单数应加s，为Government provides .... ⑧病句，应为they seldom considered their usefulness for accommodation，或者为with out thinking of .... ⑨应为was instead delivered to the poor ....

the accommodation problem.	
My third reason is that people prefer the modern science and technology with theincreasingly improved education system. ⑪Twenty-first century has seen a great deal of development in the proportion of people who have taken the ⑫high education. They are more willing to use the modern science. For instance, college student always ⑬collect their thesis materials by surfing the Internet instead of borrowing books from the libraries.	⑩这里考虑到穷人是一个不错的想法：很多人吃不饱没房子，钱应当花在他们身上，而不应当大量用于保护文化遗产。 ⑪应为 The 21st century has been seen .... ⑫高等教育应为higher education。 ⑬例子举得很好，但是过于主观。always的使用应当慎重，这里应当说most college students prefer collecting academic resources online rather than going to the library.
All in all, although traditional culture is a heritage ⑭from the ancient, it couldn't keep pace with the development of society. ⑮The traditional culture and technology have no place in the future and will be eliminated in the end. (273 words)	⑭应为from the ancestors。 ⑮这种说法非常可怕，文章的论点并没有论证到这个层次。文章这样写就显得非常激进，失去了客观性，可以考虑作一些让步论证。

Total Score: 5.5

TA（任务完成）：5.0；

CC（结构层次）：6.0；

LR（词汇语言）：5.0；

GRA（语法应用）：5.0。

简评

文章基本回答了题目的问题，做出了比较完整的论证。但是，文章的观点过于主观，而文章的论据又不能对论点有足够的支撑，使文章显得激进。文章的逻辑性较差，有的意思表达得不是很清楚。在论证段落有一定的例证。全文结构尚可，语言不是非常通顺，但不影响意思的表达，存在一定数量的语法错误。

改进意见

按照文章原有的中心，应将第一、第三个分论点加以改进，保留第二个分论点（耗资过多）。文章可加入让步段，使文章显得客观一些。

范文27

Some people think that earlier technology has changed our life more than the recent technology. Do you agree or disagree?

Candidate's essay	
With the development of science and technology, an increasing number of ① investments ② are changing people's lives. Many countries are putting more and more money on the research of modern technology. ③ However, some people claim that the earlier technology has changed our lives more than the recent technology. I fully agree with this view.	① investment主要指“投资”，这里说的是“科技”，应当是technology investment。 ② 现在进行时are changing并没有错，但此处使用have changed people's lives更合适。 ③ 在简单介绍题目之后，马上表明了自己的观点，引出了全文的中心。
④ When it comes to the earlier technology, the majority of people may associate with ⑤ many great inventions such as ⑥ television, car, telephone, camera, airplane, etc. No one can deny the fact that those inventions have brought us a lot convenience and happiness. Because of these inventions, we can travel the whole world by setting in front of the television.	④ When it comes to ...意为“当谈到……的时候”，这个句型还是不错的。 ⑤ 这些是上个世纪的发明，在本世纪已经不是great invention了，加上great inventions in the last century更确切，而且文章的主题不就是以往的发明与当今发明的对比吗？ ⑥ 直接举例是非常有说服力的，这里的例子能够对主题起到支撑作用。
⑦ We can go to anywhere just in a short time by driving a car. We can talk to each other from a long distance by using the telephone. ⑧ We can keep the good memory forever by taking photographs. Moreover, human being's dream of flying in the sky, which began from an ancient time and lasted for many centuries, eventually became true.	⑦ 这句话比较夸张，把anywhere换成many places或者our destinations会显得客观些。 ⑧ 作者使用了连续的排比句，突出了上世纪的发明为人类带来的便利，这一点是可取的。但是这里在简单的举例上浪费了过多的笔墨，使文章的论证显得比较浅。而且，作者的语言并没有达到出神入化的地步，还不足以运用这种排比的方法达到充分论证的效果。
⑨ However, when it comes to recent technology, we may associate it with rockets, satellites, nano-technology, etc. ⑪ It's true that ⑩ may countries	⑨ 这里的句型和词汇都和上一段一模一样，显得语言单一，变化少。可考虑换一种说法。 ⑩ 拼写错误，应当是many。通过检查应当

spend much money on technology. ⑫Human landed on the Mars for the first time. But do these creations bring us any practical benefits?It seems that the recent technology has ⑬became an ⑭international creation competition between many nations. All of the governments are focus on whose invention is much greater, even ⑮the invention may not help for people's life.	找出这样的错误。 ⑪这句话作者想说什么？这是一句完全无用的话。 ⑫注意，人类还没有登陆火星，只是月球。这种例证实在是太超前了。不知道的东西不能胡乱举例。 ⑬become的过去分词是become。 ⑭这里把新兴科技喻为国家之间用来show off的国际竞赛，是非常巧妙，也很有讽刺力，是非常有力的反驳对立论点的武器。 ⑮这里讽刺的说明了：这些被拿来比较的新兴科技，大部分压根就没用（与人们的生活关系不大）。
⑯From what have been discussed above, our conclusion is that the earlier technology has changed our life more than the recent technology. (276 words)	⑯结尾显得太简单，不过点明了中心。可以加一些展望，例如期待新的科技能够更贴近人们的生活。

Total Score: 6.0

TA（任务完成）：6.0；
CC（结构层次）：6.0；
LR（词汇语言）：6.0；
GRA（语法应用）：6.0。

简评

本文使用了“一边倒”的方法进行论证，开篇摆明主题，然后从正面论证earlier technology的优势，再从反面攻击recent technology对人们生活毫无帮助的劣势，最后结尾。整体结构比较分明，任务完成比较好。但是，每一段的层次比较差，尤其是第一个论证段落，基本是在举例，具体论证太少。文章的语言也比较单一，没有变化，而且重复的词汇和句式太多，使文章显得呆板。语法方面，文章也存在着一定的错误。

改进意见

框架可以不变，但是应改进论点和论据。可在第一个论证段加入两到三个分论点，取代大量的排比例证，从多方面拉开层次论证主题。例如，可以提到医疗上青霉素penicillin的出现，或者电力的出现等更与人们生活相关的发明，效果比泛泛地列举汽车、电视等强的多。另外，语言还需要加强，注意词汇和句型的变化。

范文28

Some people said the government should not put money on art, such as music and painting. They should spend more money on construction of public facilities. Do you agree or disagree?

Candidate's essay	
①It is debatable that whether the government should put money on art or public facilities. ②Some people say that we shouldn't waste money on art while others claim that art is a very important part of our lives. ③Personally, I agree that art should be supported by the government.	①开头简明扼要地描述了文章要讨论的话题。 ②这里是想阐述两种对立的观点，但是，不应在艺术上浪费金钱和艺术的重要性并非有直接的对立关系。对立的应该是，一些人认为应当投资艺术，一些人认为不应当投资艺术（或应当投资公共设施建设）。 ③个人的观点阐述得非常清楚，也就是文章的中心。
④Language and art are the two biggest differences between human beings and other creatures. ⑤We can not live with out food and water. Similarly, we can not live without art, which is the oxygen of our mental live. Along with the development of economy, ⑥more and more people enjoy not only the material life but also the mental life. They spend their free time and money on enjoying art in museum, gallery, opera house, etc. even dolphin and dog could dance while they listening music. ⑦It will be unimaginable if we are living in a world without art such as music and painting.	④这里说语言和艺术是人类有别于其他生物的重要标志，显然是要说艺术的重要性。这一比喻非常形象地突出了艺术的重要性，堪称妙笔。 ⑤这里用了比喻的手法，突出了艺术的重要性。 ⑥这句话可以改为：The importance of mental life have been widely recognized nowadays, ultimately as the same as the metrical life. ⑦虚拟语气应使用were，应改为it will be unimaginable if we were …。
⑧Art is very important for us indeed. Art can improve or intelligence, which will make us work more effective ⑨in other fields. ⑩Art can alleviate our stress	⑧还是在强调艺术的重要性，显得有些冗余了。毕竟题目不仅仅是讨论艺术，还谈到了spend more money on construction of public facilities。 ⑨多余，可删去。

and give us a relaxation time out of hard work. Art can inspire our imagination. Art can also tell us how to enjoy our lives.	⑩这里用过多的笔墨强调艺术的作用，而文章要讨论的是“是否应投资于艺术”，文章到这里实际上已经渐渐地偏离了主题。
⑪Furthermore, art is one of the most important cultural and historical symbols of a nation. For example, ⑫the Forbidden City is one of the most magnificent miracles of the world. There are a lot of artworks of Qing and Ming dynasties such as Chinese paintings, handwritings, marble carvings, etc. so many ancient arts, which were created by our ancestors, can not be calculated by money.⑬They are great treasures of the whole world.	⑪这一段继续强调了艺术的重要性。显然，作者已经忘记了题目的要求，开始按照自己的轨道进行写作了。作者在审题工作上的疏漏，到这里已经暴露出来。 ⑫这里举了紫禁城为例，已经和题目没什么关系了，甚至和art的关系也不大，而是在谈culture和history。尽管后面谈到了艺术品，但仍然显得非常牵强，完全不能对主题形成有力的支撑。 ⑬故宫文化是无价的世界文化遗产和应投资艺术还是公共设施有关系吗？
⑭As conclusion, art is necessary for us. The government not only should put money on art but also should put more. (299 words)	⑭在结尾，作者强调了艺术的必要性，并认为必要就应当投资，这个逻辑是不通的。

Total Score: 5.5

TA（任务完成）：5.0；

CC（结构层次）：5.0；

LR（词汇语言）：6.0；

GRA（语法应用）：5.0。

简评

这是一篇偏题的作文。题目要求讨论“是应该put money on art, such as music and painting，还是应该spend more money on construction of public facilities”。文章用全文的笔墨描写了艺术的必要性，至于艺术的必要性和是否应投资于艺术的联系并没有强调，更是把公共设施建设忘得一干二净。文章的词汇运用尚可，存在一些语法错误。

改进意见

文章的审题出现了问题，建议重新审题，重新写作。中心可以不变，但是论据需要全部更换。文章着重论证的应该是：为什么需要在艺术上花钱？以及在艺术上花钱为什么比在公共设施上花钱更重要？原文的一些关于艺术重要性的论述可以保留一些，但不应花费太多笔墨。

第九篇
雅思写作题库篇

本篇内容收集了2004年～2007年雅思写作的一些考试频率比较高的题目。限于信息收集问题以及尊重雅思考试题目的版权问题，这里的题目仅将网友回忆的内容重新编定，与真题存在一定的差异，但话题和范围与真题基本保持一致。

本篇将真题分为四个小节，第一节和第二节为A、G类的Task 1的题目集合，第三节和第四节为A、G类Task 2的题目集合。题目覆盖了大学生就业问题，多元文化问题，犯罪问题，环境保护问题，应当注重学术还是技术问题，旅游问题，传统文化保护问题，广告的利弊问题，古建筑物的保护问题，政府是否应投资艺术的问题，政府是否应健全教育和医疗福利问题，某科技发展为人们生活带来的变化问题，儿童问题，等等。其中第三节的前15个题目以及第四节中的前8个题目分别是A、G类考生必须练习的题目，囊括了雅思写作的大部分话题范围。其他题目可以利用闲暇时间搜集论点。作者建议考生最起码做到将本篇所有题目进行一次系统的审题，做到心中有数，争取在考试时打有准备的仗。

第一节
A类雅思写作Task 1 题目

❶ The table below shows the costs and yields of industrial ships and small boats in Marine Shipping Industry. Summarise the information by selecting and reporting the main features, and make comparisons where relevant. Write at least 150 words.

Marine Shipping Industry

		 Big-Scale: Industrial Ships	 Small-Scale: Small Boats
Number of ships		500,000	12,000,000
Annual catching	Food	29 million tones	24 million tones
	For industrial	22 million tones	None
Pay for employee per annual		$$$$$$$$$$$$$$$$ $$$$$$$$$$$$$$$$ $25,000 ～ $250,000	$$$$$ $250 ～ $3,000
Number of employees		8 million	400 million
Fuel oil of consumptions		 40,000,000	 80,000

❷ The table below shows the population of people over 100 years old in UK in 1911, 1941, 1971 and 2001. Summarise the information by selecting and reporting the main features, and make comparisons where relevant. Write at least 150 words.

	1911	1941	1971	2001
Males	73	132	287	536

Females	100	317	2035	4085
Total Sum	173	449	2322	4621

❸ The chart blow shows the different means of transport used by people in UK. Summarise the information by selecting and reporting the main features, and make comparisons where relevant. Write at least 150 words.

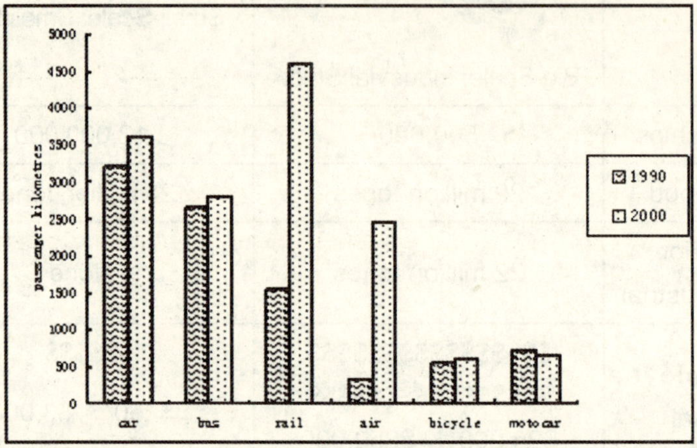

❹ The two charts blow show the number of male and female criminals in UK from 1995 to 2004. Summarise the information by selecting and reporting the main features, and make comparisons where relevant. Write at least 150 words.

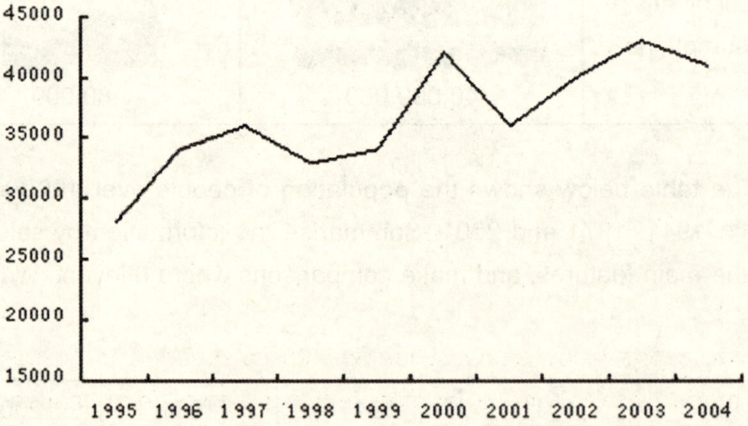

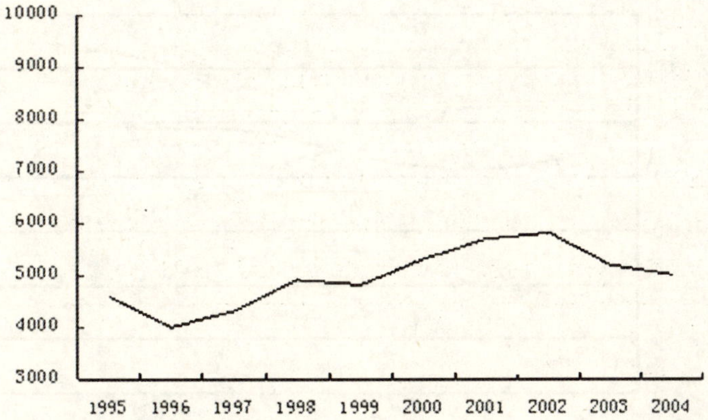

❺ The two pie charts show the main purposes of students choose to study in UK universities in 1982 and 2002. Summarise the information by selecting and reporting the main features, and make comparisons where relevant. Write at least 150 words.

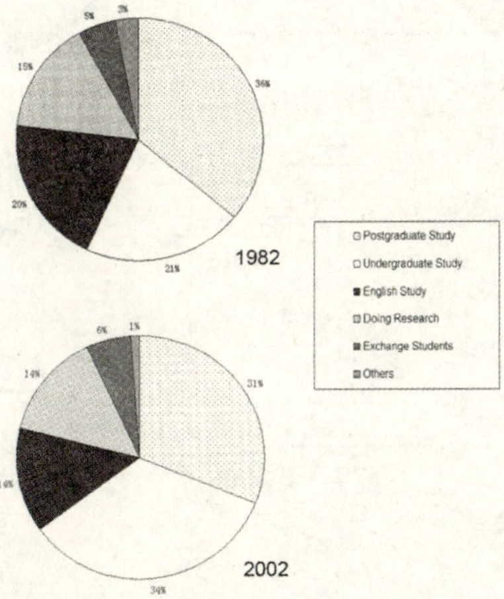

❻ The charts below shows a tourist information office in Australia received enquires made by telephone, in person, letter and email from January to June in 2004. Summarise the information by selecting and reporting the main features, and make comparisons where relevant. Write at least 150 words.

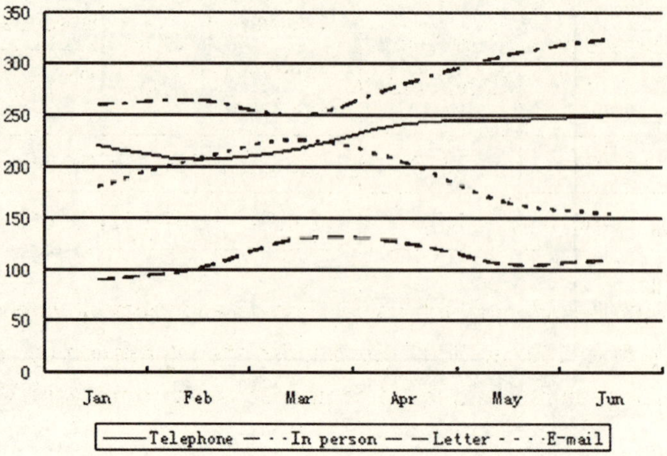

❼ The two flow charts show the cerement production and concrete production. Summarise the information by selecting and reporting the main features, and make comparisons where relevant. Write at least 150 words.

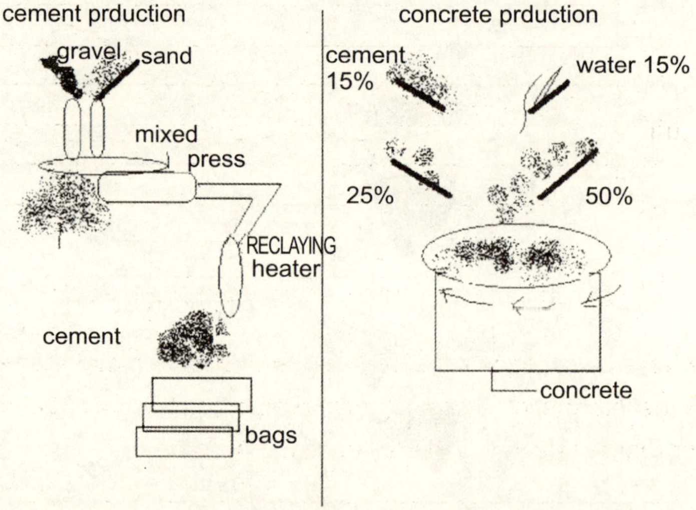

❽ The following table gives information between Madagascar and Mauritius in Indian Ocean in 1990. Summarise the information by selecting and reporting the main features, and make comparisons where relevant. Write at least 150 words.

Country	Surface area (km^2)	Population (thousands)	Growth Rate of Population	GDP ($)	Enrolment to school	
					Primary	Secondary
Madagascar	8764	3678	7.53%	234,785	97.34%	46.70%
Mauritius	3456	1876	2.46%	567,832	100%	79.46%

⑨ The graph below show the value of sales and rental of videos in US and European Union from 1992 to 2000. Summarise the information by selecting and reporting the main features, and make comparisons where relevant. Write at least 150 words.

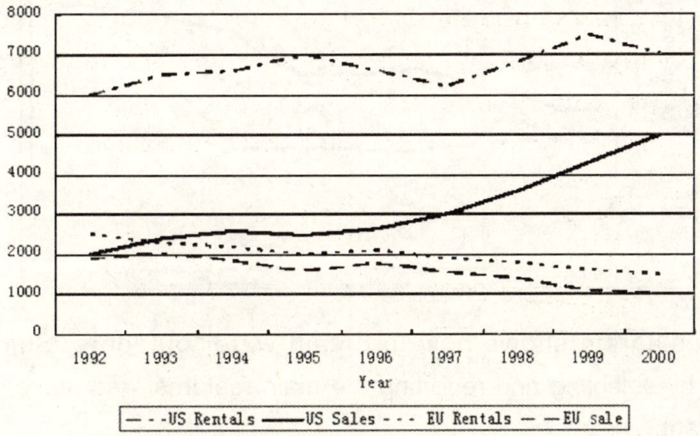

⑩ The table below shows the information about the metro system in six cities. Summarise the information by selecting and reporting the main features, and make comparisons where relevant. Write at least 150 words.

City	Year	Length of Route (*km*)	Carrying Capacity per Year (million people)
London	1863	1100	548
Paris	1890	594	850
Tokyo	1904	149	1434

Washington DC	1921	114	70
Kyoto	1989	11	11
Los Angeles	2001	14	380

⑪ The chart below shows the percentage of three nations' (USA, Sweden and Japan) population over 65 years of age from 1964 to 2000 and forecasts the future figures in next 40 years. Summarise the information by selecting and reporting the main features, and make comparisons where relevant.

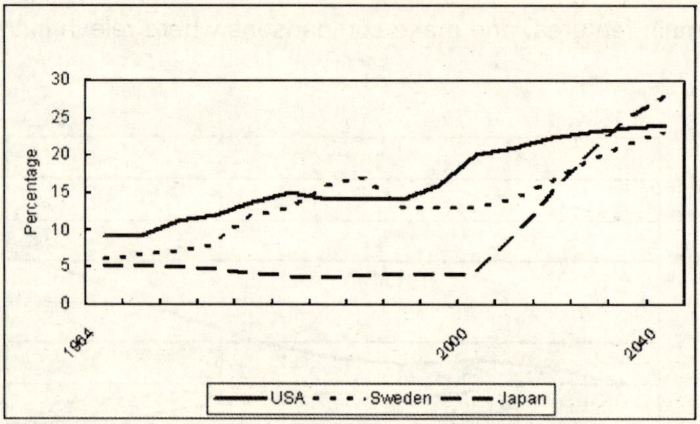

⑫ The diagram shows how to obtain water outdoors. Summarise the information by selecting and reporting the main features, and make comparisons where relevant.

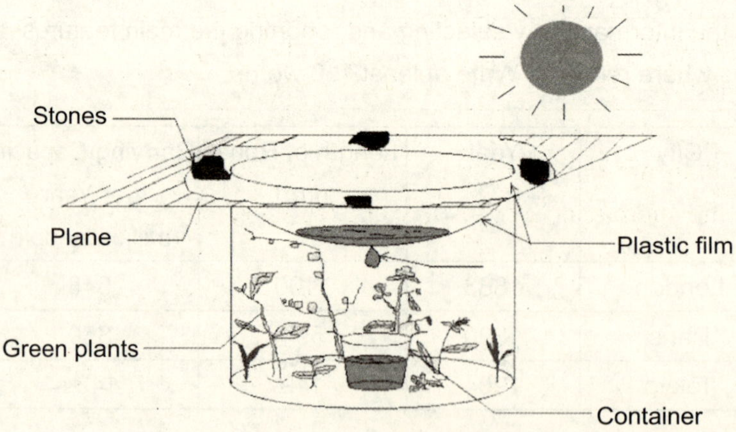

⑬ The map and four pie charts show the land used in USA from four different regions: Central, South, South West and South East. Summarise the information by selecting and reporting the main features, and make comparisons where relevant.

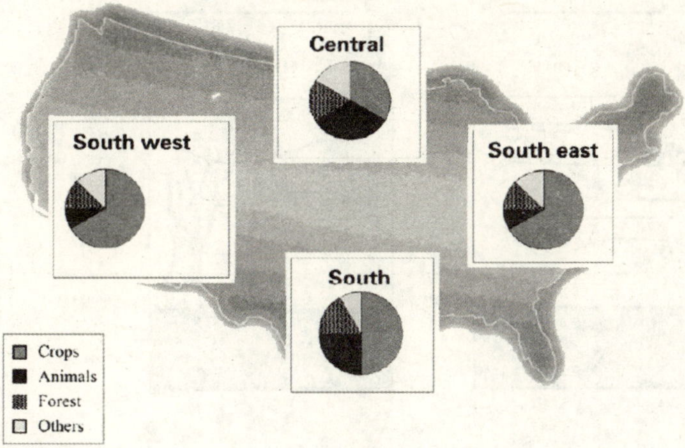

⑭ The table below shows the percentage of women manager in UK in 1990, 1995, 1998 and 2000. Summarise the information by selecting and reporting the main features, and make comparisons where relevant.

	1990	1995	1998	2000
Chief manager	213	451	621	894
General manager	8920	12050	16203	19546
Department manager	24056	28945	30015	36250

⑮ The diagram shows how the speed of river affects pollution in rivers. Summarise the information by selecting and reporting the main features, and make comparisons where relevant.

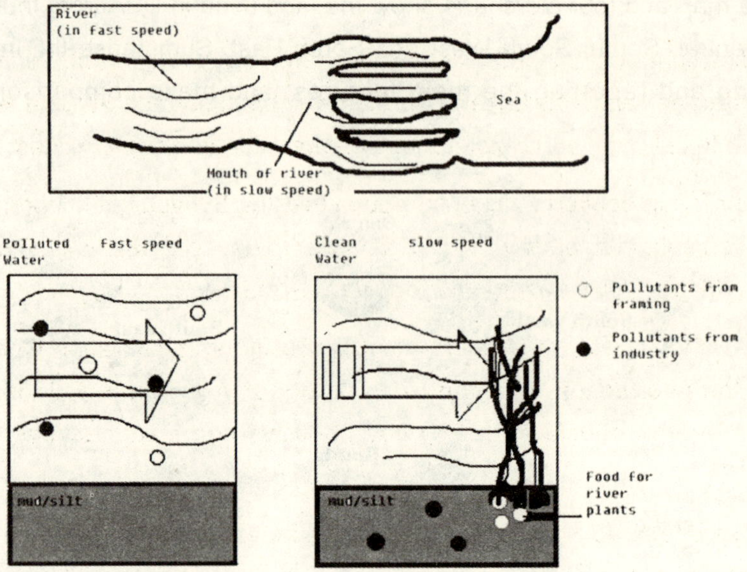

注：本部分题目中的数字可能与客观数字存在差异。

第二节

G类雅思写作Task 1 题目

⑯ You are going to invite a Canadian friend to attend a party, write a letter for him and tell him:

☆ What kind of party?

☆ Why invite him?

☆ The location of the party and how to get there.

⑰ You will move out from your current house, you should write a letter to the landlord to tell:

☆ When and why are you leaving?

☆ Say thanks to the landlord.

☆ Your friend is looking for a renting house, introduce your friend to your landlord.

⑱ A newspaper published a critically comment of a restaurant. You usually eat at that restaurant and you believe the comment is incorrect. Write a letter to the newspaper to tell them your experiences and recommend some dishes.

⑲ Your friend booked a ticket for you in theatre, but you could not go for some problem, you should apologize, and to say how to deal with the ticket. Write a letter to your friend, say your reason and your suggestion.

⑳ You should write a letter to the City Traffic Administration Committee to complain the poor condition of the road in front of your home. Tell them that the road have brought much trouble to you and give some suggestions on how to solve.

㉑ Write a letter to the publisher of a newspaper, asking to advertise a meeting of people from different countries you are organizing. You should explain where, when and why.

㉒ Your friend has invited you to visit his/her home, but you can go. Write a letter to your friend:

☆ Thanks for his/her invitation;

☆ Explain why you can't go;

☆ Suggest another agreement.

㉓ You should write to a hotel manager to book several rooms for your week end working with your colleagues. You should:

☆ Introduce yourself;

☆ Tell them your plan;

☆ The requirement of the accommodation.

㉔ A company is organizing an abroad for language training, there are only a few places available. Write a letter to the company:

☆ Express you want to join;

☆ Why you think you should join;

☆ Why the organizer should elect you.

㉕ The weekend when you play in your friend's home. Write a letter to your friend.

☆ Thank your friend's kindness;

☆ Describe about your watch losing;

☆ Ask your friend help you.

㉖ You had a long distant fight journey, but you find there are some problems and tile crew in tills plane is not helpful.

☆ Describe this situation;

☆ What happened?

☆ Give some solution.

㉗ You borrowed a book from the library, the book is damaged now. Write a letter to the library:

☆ Give the details about the book;

☆ The status of the damaged book?

☆ What do you want to do about it?

㉘ You have a child and want to send him to international kindergarten. Your home is in the same town with the kindergarten. You should book a waiting place for your child. Write a letter including:

☆ Why you choose it;

☆ What you want to know about it.

㉙ You attended a course studying, but tile course is not same as the school brochure, write a letter to the principal:

☆ Which course did you study?

☆ What is different?

☆ How to solve the problem?

㉚ You want to attend a course, but the application of the course includes a reference. Find a teacher and write to him/her to ask for the reference.

第三节

A类雅思写作Task 2 题目

本节前14道题目为A类考生必须掌握的题目。

㉛ Modern buildings has changing the appearance of cities and towns, some people argue we should build all buildings in traditional styles to protect the cultural identity, to what extent do you agree or disagree?

㉜ Nowadays, some universities offer graduate students skills that assist to find employment, but some people believe the main function of university should be to access knowledge for its sake. What's your opinion?

㉝ Counties are much more interesting and develop more quickly when their population includes a mixture of different nationalities and cultures. To what extent do you agree or disagree?

㉞ To what extent do you think consumers are influenced by advertisements? What measure can protect them?

㉟ Cars cause many problems. What problems? And should we discourage people to use cars?

㊱ There are more and more effective measures of the security in large urban cities reduce the crime. Are there benefits the security outweigh drawbacks?

㊲ Some people say that governments should pay for the health care and education but other people say that it is not the governments' responsibility. Discuss and give your views.

㊳ Some people claim that public museums and art galleries will not be needed because people can see historical objects and works by using computer. To what extent do you agree or disagree?

㊴ The advantages of spread of English as a global language will continue to outweigh its disadvantages. To what extent do you agree or disagree?

40 Early technological developments brought more benefits and changed the lives of ordinaire people than recent technological developments. What extent do you agree or disagree?

41 Some people claim that the news media have influence people's lives nowadays. It is a negative development. To what extent do you agree or disagree?

42 Some people say that the increasing business and culture contract between countries has the positive effect. Others say it would loss the countries identities, What extent do you agree or disagree?

43 Will modern technology, such as the internet ever replace the book or the written word as the main source of information?

44 Should criminals be sent to a jail or let them do something else as punishment instead of that? Why and give your reasons.

45 It is now possible to perform everyday tasks as banking, shopping and business trisections without meeting people face-to-face. What is the effect it may bring on the individual and the society as a whole?

46 In many countries, traditional foods are being replaced by international fast foods. This is having a negative effect on both families and societies. To what extend do you agree or disagree?

47 Lectures in the past were used as a way of teaching large number of students. But nowadays because of the development of technology, we do not use lectures. Do you agree?

48 Higher education should be funded in several ways: all costs by the government; all costs by the student; government loan and student repaid after graduate. Discuss the benefit of each way and which one do you think is the best.

49 In many countries today there is insufficient respect to old people. What are the reasons? What problems it might cause?

50 Young drug abuse is a serious problem nowadays in many countries, what are the reasons for this and what can be done to combat it?

51 Some people think that students benefit from going to private secondary schools. Others, however, feel that private secondary schools can have a negative effect on society as a whole. Discuss both these views and give your own opinion.

52 Some think the best way to solve the world's environment problem is increase the cost of fuel. To what extent do you agree or disagree?

53 Environment problems are too big for individual countries and individual people to address. We have reached the stage where the only way to protect the environment is at an international level. To what extent do you agree or disagree?

54 Some people think museums should be enjoyable places to attract and entertain young people. Other think the purpose of museums is education, but not entertainment. To what extent do you agree or disagree?

55 When you learn a language, you should also learn the cultures and lifestyles of this country. To what extent do you agree or disagree?

56 Exposure of international media has a significant impact on cultures. What has the impact been? Does the advantage outweigh the disadvantage?

57 Many people say teachers should be responsible for teaching students to judge what is right and wrong and to behave well? Others say teachers should only teach students academic subjects. Discuss and give your opinion.

58 Nowadays, some employers thought formal academic qualifications are important than life experiences and personal qualities when they look for employees. Why is this trend? Is it positive or negative development?

59 There are social, medical and technical problems associated with the use of mobile phones. What form do these problems take? Do you overweigh the benefits of mobile phones?

60 Many people think public libraries should only provide books and shouldn't waste their limited money on expensive hi-tech media, such as software, DVD or video. What is your opinion and why?

61 Some people think that it is a responsibility that people should save money in order to live after retiring. To what extent do you agree or disagree?

62 Some people suggest that we should invent an international language which can be used by people all over the world. Do advantages outweigh disadvantages?

63 We did many things which affect the whole planet. Good relationship between different countries is very important. Discuss.

64 Some people believe that some unpaid community service should be a compulsory part of high school programs.

65 Air transport is increasingly used to export fruit and vegetables to some countries where cannot be grown or out of season. Some people think it is not justified. To what extent do you agree or disagree?

66 Maintaining public libraries is wastes money since the computer technology replaced their function. To what extent do you agree or disagree?

67 The high sales of popular consumer goods reflect the power of the advertising and not the real need of the whole society in which they sell, to what extend do you agree or disagree.

68 Do you think advertisements should be banned from public media such as TV?

69 With the increasing use of mobile phones and computers, less people tend to write letters. Some people even think the skill of writing letters will disappear completely. To what extent do you agree or disagree?

70 An increasing number of developing countries are expanding their tourist industry. Why do you think it is the case? And do you think it is positive?

71 Development of countries leads to increasing demand for energy fuel, such as petrol and coal. What dangers might this lead to? Are there any solutions to deal with this problem?

72 The frequent change of the world has often resulted in the change of people's jobs and work life. Discuss what has caused this and give your suggestions on preparing people who are going to work in the future.

73 The gap between the rich and the poor is widening, as the rich becomes

richer and the poor becomes poorer. What are the causes of this and can you suggest some solutions.

74 Some people think traveling abroad is a valuable experience for young people while some thinks it is killing time and money? What are your opinions? Discuss both opinions and present your own view.

第四节

G类雅思写作Task 2 题目

本节前8道题目为G类考生必须掌握的题目。

75 Almost everybody knows the importance of the environment problem, but people seldom do environment protective jobs individually, why? How to encourage people to take action to protect the environment?

76 Why some professionals, as doctor, lawyer, engineer paid higher than other works? Are there any other jobs you think should be paid higher?

77 Some countries encourage teenagers to take up part-time jobs. What is the situation in your country? What are the advantages and disadvantages of teenagers taking up part-time jobs?

78 There is a number of people think that watching TV would be good for children's development while others disagree. What is your opinion?

79 Some people think that build more roads can reduce the traffic problems. Do you agree? Discuss.

80 Discuss the advantages and the disadvantages of the international traveling through different countries.

81 Some people believe that practical skills such as maintaining of a car, or managing a bank account should be taught at school as well as traditional academic subjects. Discuss.

82 Many schools demand students to wear uniform. Some people think that such a practice undermines their personality and individuality. What do you think?

83 Some people think it would be a good idea for schools to teach every young person how to be a good parent. Do you agree or disagree? Describe the skills a person needs to be a good parent.

84 Nowadays, the increasing violence elements in cartoon have negative impact on children, do you agree? What kind of cartoon do you think it should be for children?

85 Women now can do some work which traditionally be done by men. Do you think why the changes happened? What is your opinion about this change?

86 Using a computer every day can have more negative than positive effects on young children. Do you agree or disagree?

87 The resources on the earth are above a dangerous level. What the causes of this problem? How to solve this problem?

88 Some people move from cities to countryside, some are other way around. What is the situation in your country and what is your opinion?

89 In the past, many people had skills such as making their own clothes and doing repairs to things in the house. In many countries, nowadays, skills like these are disappearing. Why do you think this change is happening? How far is this situation true in your country?

90 Some people believe that children should be allowed to stay at home and play until they are six or seven years old. Others believe that it is important for young children to go to school as soon as possible. What do you think are the advantages of attending school from a young age?

91 About the activity lifestyle, some prefer to live in hot climate, while others like to live in cold climate, discuss both of the views and give your own opinions.

92 More and more children are putting on more weight than ever before. What are the causes of this and any suggestions?

93 In many countries, people eat with their family or parents less frequently. What is the situation in your country? Do you think it is necessary to have meals with family and friends regularly?

94 More and more media attention is paid for famous people who succeed in sports and cinema. Why do you think this topic about famous people is interesting to media? Do you think this is good?

95 The level of noise in our day-to-day life is increasing, what are some of the reasons behind this problem and can you suggest some solutions?

96 In some countries, people of all ages are doing more amounts of sports and exercises. What are the benefits? Are there any backwards?

附录A

IELTS考试简介

IELTS（英语读音：[a　əlts]），全称“国际英语测试系统”（International English Language Testing System），即通常所说的雅思考试。

雅思考试的内容

IELTS考试是一种国际性的英语水平测试，主管机构为英国文化协会（British Council）、剑桥大学考试委员会和澳大利亚教育国际开发署（IDP）。考生可以选择学术类测试（A类）和培训类测试（G类）。学术类测试是为那些想进入大学或其他高等教育机构的人设置的。培训类测试是为那些计划开始非学术性的训练，为获得工作经验，或者移民目的的人设置的。雅思成绩被澳大利亚、英国、加拿大、爱尔兰、新英格兰、南非的许多教育机构，以及越来越多的美国教育机构、各种各样的专业组织所接受。

雅思的特点

雅思集合下列几项特色：

☆ 多种口音和写作风格在书面上出现，就是为了减少考试对语言学上的偏爱。考试注重的是国际英语，包括英国英语，美国英语，还有其他的类型（在听力中的口音还可能涉及到澳大利亚英语、印度英语、欧洲英语、中国英语以及日本英语），但是托福只注重北美英语。因此，更多的人和组织认为雅思比托福更具权威性（特别是不在美国的人）。

☆ 雅思检测的是听、说、读、写的能力。

☆ 两种模式可供选择，即学术类和培训类。

☆ 每种语言技巧都有相应的分数（听、说、读、写）。总分的范围从1（一点也不会）到9（母语程度），如果缺考、白卷或者因作弊被取消成绩，则为0分。

9分 专家用者（母语或英国语言学学者）

8分 极好用者（接近于母语水平的英语使用者，可以用英语讲授专业知识给他人）

7分 上佳用者（能够使用英语接受高等教育的流利使用者）

6分 有能力用者（能利用英语应付一般教育和接受一些工程类学科教育的使用者）

5分 普通用者（能够使用英语在英语国家生活的使用者）

4分 有限用者 （能够应付英语国家的简单的日常生活）

3分 极度有限用者（初学者）

2分 间歇性用者 （几乎没有英语能力者）

1分 非英语用者 （不懂英语）

0分 缺席考试者

海外大学一般要求非本地新生A类雅思成绩达到6.0分或以上分数才取录。一般地，读取文学学位的学生应达到6.5分以上，读取理学学位的学生应达到6.0分以上，部分国际名校普遍要求在7.0分以上。而对于一些特殊专业，各学校也会有相应的特殊要求，例如：心理学和新闻学都要求7.0分以上，艺术要求5.5分以上。根据各国移民政策的要求，一般要求移民申请者具备G类考试4.5分～5.5分。

考试形式

考试分4个部分，一般需要两天时间举行。第一天的上午，全体考生都要参加陆续进行的听力、阅读、写作三项考试；第一天的下午和第二天上午陆续举行口语考试。一般外地考生的口语考试会被优先安排在第一天下午，这样考试完毕他们即可当天离开。

笔试开始时，考官会发给考生一张答题卡，正面和反面分别用来回答听力和阅读的题目。

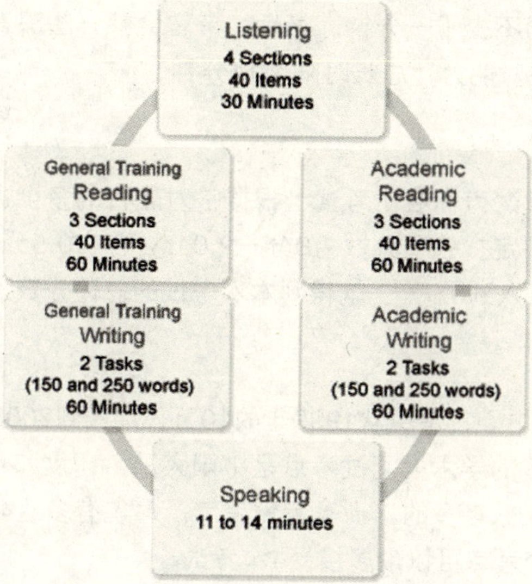

来源：www.ielts.org

听力考试

首先进行的听力考试时间40分钟，题目分四个部分。第一部分是日常生活中会发生的对话（通常为两人），第二部分是生活相关的独白；第三部分是学术性的对话（通常两人以上），第四部分为学术论文演讲，难度依次增加。通常前三个部分都会分成两段，分别回答不同的问题。考生在听完每段录音后会有一小段时间复查。全部录音放完需时30分钟，剩余10分钟供考生将答案从试卷填写到答题卡上。时间到了考官会把试卷收上来，并要求考生将答题卡翻过来。

阅读考试

听力考试之后是阅读考试，时间60分钟，题目分三个部分。时间到了考官会把答题卡和试卷都收上来。

写作考试

阅读考试之后是写作考试，时间也是60分钟。题目有两道，第一道是看图说明（A类）或者书信（G类），要求150字；第二道是议论文，要求250字。

口语考试

口语考试是一对一进行，考官会首先就考生的一些个人问题发问，并选择话题加以展开。到一定程度后，考官出示题目卡，要求考生就题目所涉及内容进行回答并适当展开论述，时间不少于一分钟。最后，考官会就一些深入的话题与考生进行讨论，以考察考生的应对能力。总长时限为14分钟。

评分标准

听力考试和阅读考试为标准化考试，根据答对题目的多少进行评分。写作和口语则由考官根据标准评定。各项分数为0分～9.0分，存在0.5分。将所有4个科目的成绩求平均，并四舍五入到0.5分，就得到本次考试的总评分数。

考试地点和日期

全球有300所考试中心。考生从1999年的10万人增长到2003年的50万人。2003年，三个参加人数最多的学术类测试考点是中国大陆、印度和英国，印度、中国大陆和澳大利亚是参加人数最多的培训类测试考点。每年有多达48个考试日期，根据当地考生的需求，每个考点可以最多接受4次考试。

2006年，雅思进行改革，取消了原来“两次连续考试必须间隔90日”的规定。

雅思每次考试费用大约110英镑，具体价格依全球不同地区而异。

部分内容来源：WIKIPADIA

附录B

中国大陆地区所有考点

考点代码	1
考点名称	北京语言大学
地址	北京市海淀区学院路15号
笔试考场	教1楼
口试考场	逸夫楼
邮编	100083
电话	(++86 10) 82303550
交通	乘坐 331, 375, 398路

考点代码	2
考点名称	天津外国语大学
地址	天津市河西区绍兴道天津外国语大学南门
笔试考场	逸夫教学主楼
口试考场	逸夫教学主楼
邮编	300204
电话	(++86 22) 23286085
交通	乘坐826、803路到绍兴道，或619、632路到蒲口道

考点代码	3
考点名称	黑龙江大学
地址	哈尔滨南岗区学府路74号
笔试考场	A区实验楼
口试考场	A区外事处3号楼
邮编	150008
电话	(++86 451) 86608579
交通	乘坐11，106路

考点代码	4
考点名称	辽宁师范大学
地址	大连市黄河路850号
笔试考场	南院田家炳书院
口试考场	南院外语楼
邮编	116029
电话	(++86 411) 84258728
交通	乘坐101，708，705，715路或522，534路小公共汽车

考点代码	5
考点名称	沈阳师范大学
地址	沈阳市皇姑区黄河北大街253号
笔试考场	信息技术中心四楼
口试考场	信息技术中心四楼
邮编	110032
电话	(++86 24) 86592532，86592460
交通	乘坐255，236，326，338，4301，4302路

考点代码	6
考点名称	山东大学
地址	济南经十路73号
笔试考场	南校区南院9号楼
口试考场	南校区南院9号楼
邮编	250061
电话	(++86 531) 82960666
交通	乘坐K51、K56、K932、16，48，110，115，117 和202路

考点代码	7
考点名称	中国海洋大学
地址	青岛市香港东路23号
笔试考场	外语学院A区
口试考场	外语学院A区
邮编	266071
电话	(++86 532) 85901710，85901686
交通	乘坐501，11，801，321，304路

考点代码	8
考点名称	西安外国语学院
地址	西安市长安南路437号
笔试考场	2号教学楼
口试考场	6号教学楼
邮编	710061
电话	(++86 29) 85309384
交通	乘坐603，504，527，215，19路

考点代码	9
考点名称	新疆财经大学
地址	乌鲁木齐市杭州西路237号
笔试考场	新城公园校区商务学院济民楼
口试考场	新城公园校区商务学院济民楼
邮编	830012
电话	（++86 991）7843882
交通	乘坐2、25、54、152、306路

考点代码	10
考点名称	郑州轻工业大学
地址	郑州市东风路5号
笔试考场	国际教育学院
口试考场	国际教育学院
邮编	450002
电话	（++86 371）63836837
交通	乘坐2，28，64，86，87 路

考点代码	11
考点名称	湖南大众传媒学院
地址	长沙市雨花亭新建西路77号
笔试考场	教学楼
口试考场	教学楼
邮编	410007
电话	（++86 731）5602228，5602476
交通	乘坐7路到雨花亭

考点代码	12
考点名称	湖北大学
地址	武汉市武昌区学院路11号
笔试考场	湖北大学3号教学楼
口试考场	湖北大学3号教学楼
邮编	430071
电话	（++86 27）88661140,88662709,87122395
交通	乘坐573，215，543，554路
考点代码	13
考点名称	吉林大学
地址	长春市前卫路10号
笔试考场	前卫校区南区第三教学楼
口试考场	前卫校区南区第三教学楼
邮编	130023
电话	（++86 431）88499358
交通	乘坐13， 222， 154， 239路
考点代码	14
考点名称	华东师范大学
地址	上海中山北路3663号
笔试考场	文史楼
口试考场	文科楼四楼或心理学二楼
邮编	200062
电话	（++86 21）62233151
交通	乘坐 69，224，524,567，754，765，829，909路

考点代码	15
考点名称	东南大学
地址	四牌楼2号
笔试考场	礼东楼或东南院（请考前确认考场）
口试考场	外语系3楼
邮编	210096
电话	（++86 25）83793242，83791474
交通	乘坐31，2，特1，52，11，15，304 路

考点代码	16
考点名称	浙江省教育考试院
地址	文晖路321号浙江教育大厦
笔试考场	省教育厅内一层
口试考场	省教育厅内一层
邮编	310014
电话	（++86 571）88906615,88906616
交通	乘坐6、42、45、74、203、316、534公交车到市交警支队站下车

考点代码	17
考点名称	安徽中澳科技职业学院
地址	合肥市濉溪路312号
笔试考场	学院办公楼
口试考场	学院办公楼
邮编	230031
电话	（++86 551）5148001
交通	乘坐112，124，131，143，22，300 路

考点代码	18
考点名称	仲恺农业技术学院
地址	广州市纺织路东沙街24号
笔试考场	新教学楼
口试考场	新教学楼
邮编	510225
电话	(++86 20) 89003878, 89003877
交通	乘坐8路公共汽车可到达考点

考点代码	19
考点名称	深圳赛格人才培训中心
地址	深圳市华强北路赛格经济大厦7楼
笔试考场	同上
口试考场	同上
邮编	518031
电话	(++86 755) 83780139, 82797093
交通	乘坐9, 13, 212, 216, 225, 238, 302, 317, 385, 2双层观光大巴, N10, N12, N13在经济大厦下车, 地铁1号线在华强路站A出口。

考点代码	20
考点名称	福建师范大学
地址	福州市仓山区上三路
笔试考场	外国语学院
口试考场	外国语学院
邮编	350001
电话	(++86 591) 87676583, 87616544

交通	乘坐1，4，20，702，726，813，815，945，963，978路

考点代码	21
考点名称	厦门大学
地址	厦门市思明南路
笔试考场	基金楼
口试考场	基金楼
邮编	361005
电话	(++86 592) 2185305
交通	乘坐1，15，17，21，29，43，87路

考点代码	22
考点名称	海南大学
地址	海口市人民大道
笔试考场	旅游学院2号教学楼
口试考场	旅游学院2号教学楼
邮编	570228
电话	(++86 898)66521995，66521985
交通	乘坐5，11，17，18，20，26，30，207，209路

考点代码	23
考点名称	广西大学
地址	南宁市大学路100号
笔试考场	中加国际学院
口试考场	中加国际学院
邮编	530004
电话	(++86 771)3233884

交通	乘坐4，222，218，28路
考点代码	24
考点名称	四川外国语学院
地址	重庆市沙坪坝区烈士墓
笔试考场	出国留学人员培训部教学B区
口试考场	出国留学人员培训部教学B区
邮编	400031
电话	（++86 23）6538 5446
交通	乘坐210、801路
考点代码	25
考点名称	四川大学
地址	成都市一环路南一段24号（四川大学北门磨子桥方向）
笔试考场	出国留学人员培训部（四川大学西区）
口试考场	出国留学人员培训部（四川大学西区）
邮编	610065
电话	（++86 28）85407413
交通	乘坐27、34路
考点代码	26
考点名称	云南大学
地址	昆明市翠湖北路2号
笔试考场	东陆园南学楼4楼
口试考场	英华园外国语学院
邮编	650091
电话	（++86 871）5032 252

交通	乘坐22、64、84、96路

考点代码	27
考点名称	贵州大学
地址	贵州省贵阳市花溪区
笔试考场	外国语学院
口试考场	外国语学院
邮编	550025
电话	（++86 851）8292 035
交通	乘坐公交车201、202、203、204，中巴车89、90，97、109路

考点代码	28
考点名称	北京市教育考试指导中心
地址	北京市朝阳区外馆东街23号
笔试考场	北京市教育考试指导中心
口试考场	北京市教育考试指导中心1号楼
邮编	100011
电话	（++86 10）64265966，64269308
交通	18、113、407、417支、850、特2甘水桥下车，104、108、124电车甘水桥（安贞桥）站下车，300、302、387、731路安贞桥站下车

考点代码	29
考点名称	上海财经大学
地址	上海国定路777
笔试考场	第一教学楼
口试考场	第一教学楼
邮编	200433

交通	乘坐102，537，758，866，966，819，713，60，99，749，599路
考点代码	30
考点名称	太原理工大学
地址	太原市万柏林区迎泽西大街79号
笔试考场	迎西校区教学主楼
口试考场	迎西校区8号教学楼
邮编	030024
电话	0351-6010232
交通	乘坐公交1、611路

来源：www.ielts.org